手巻き寿司書籍 2022

おいしくて簡単に寿司を作る100の方法

シレナ・ハーヴェイ

全著作権所有。

免責事項

この電子ブックに含まれる情報は、この電子ブックの著者が調査した戦略の包括的なコレクションとして機能することを目的としています。要約、戦略、ヒント、コツは著者による推奨事項にすぎず、この 電子書籍 を読んでも、結果が著者の結果を正確に反映しているとは限りません。電子ブックの作成者は、電子ブックの読者に最新かつ正確な情報を提供するためにあらゆる合理的な努力を払っています。著者およびその関係者は、発見される可能性のある意図的でないエラーまたは省略について責任を負いません。電子書籍の資料には、第三者による情報が含まれる場合があります。第三者の資料は、その所有者によって表明された意見で構成されています。そのため、電子書籍 の作成者は、第三者の資料や意見に対して責任を負わないものとします。

電子書籍 の著作権は © 2022 にあり、無断複写・転載を禁じます。この電子ブックの全体または一部を再配布、コピー、または派生物を作成することは違法です。このレポートのいかなる部分も、著者から明示および署名された書面による許可なしに、いかなる形式でも複製または再送信することはできません。

目次

前書き..8
伝統的な日本の寿司...10
  1. 巻き寿司 11..
  2. 細巻..16
  3. ちまき..20
  4. 太巻き..24
  5. 裏巻..28
  6. 手巻き..32
  7。 茶巾寿司..36
  8. はまがり寿司......................................39
  9. 握り寿司..42
  10. 軍艦巻き..46

アメリカン寿司...49
  11. カリフォルニアロール 50................
  12. えび天ぷら巻き 53............................
  13. ドラゴンロール 57............................
  14. キャタピラロール 60........................
  15. レインボーロール 64........................
  16. フィラデルフィアロール 67............
  17. ベジタブルロール 70........................
  18. ブロッサムロール 74........................
  19. マンゴーロール 77............................
  20. ジャンボスパイダーロール..........80
  21. ダイナマイトロール........................83
  22. 火山ロール..86

23.	アラスカロール	90
24.	アスパラ巻き	93
25.	ボストンロール	97
26.	カリカリロール	101
27.	ハワイアンロール	105
28.	ラスベガスロール	109
29.	ライオンキングロール	112
30.	ロブスターロール	117
31.	おしんこロール	120
32.	シアトルロール	124
33.	スキンロール	127
34.	雪	131
35.	サーフ&ターフロール	137
36.	天ぷら巻き	140
37.	テキサスロール	144
38.	タイガーロール	147
39.	うなぎ巻き	157
40。	ぶり巻き	160

ビーガン寿司 163

41.	ビーガンダイナマイトロール 164
42.	アボカドきゅうりの巻き寿司 169
43.	しいたけロール 173
44.	ピリ辛鮪鮨鮨 177
45.	にんじんロックスとアボカドの寿司 180
46.	玄米ベジロール 184
47.	ビーガンホタテロール 187
48.	クリスピーえのきロール 191

寿司丼 197

49.	金と銀の寿司丼 198
50。	オレンジ寿司カップ 201
51.	ごままぐろ寿司丼 204

- 52. 炒め寿司丼 207……………………………………
- 53. 卵とチーズと緑豆の寿司丼 210………………
- 54. ホタテとアスパラの寿司丼 213………………
- 55. スパイシーロブスター寿司ボウル 215…………
- 56. ハムと桃の寿司丼 218……………………………
- 57. バーベキューショートリブ寿司ボウル 221……
- 58. ダイナマイト帆立寿司丼 225……………………
- 59. ラタトゥイユ寿司ボウル 228……………………
- 60。 カリカリ揚げ豆腐寿司丼 231……………………
- 61. フレッシュサーモンとアボカドの寿司丼 235

握り・軍艦・にぎり寿司……………………………238

- 62. 茄子の照り寿司 239………………………………
- 63. まぐろのたたきにぎり 242………………………
- 64. ホッキョクイワナのにぎり 245…………………
- 65. スパムむすび 248…………………………………
- 66. アボカドとザクロのにぎり 251…………………
- 67. しいたけにぎり 254………………………………
- 68. サーモン、チーズ、キュウリのスタック 257
- 69. 玉子寿司 たまごにぎり……………………261
- 70。 真砂軍艦 264………………………………………
- 71. いわしにぎり 266…………………………………
- 72. スモークダックにぎり 269………………………
- 73. デビルドエッグとアボカドの軍艦 272…………
- 74。 白まぐろにぎり 275………………………………
- 75。 豆腐の燻製にぎり 278……………………………
- 76. ホタテのガーリックたたきにぎり 282…………

手巻き寿司……………………………………………285

- 77. スパイシーイカの手巻き 286……………………
- 78. ナマズの炙り手巻き 290…………………………
- 79. 野菜の天ぷら手巻き 293…………………………
- 80。 クリスピーチキンスキンハンドロール 297……

- 81。グレーズドベーコンの手巻き 301................
- 82。サバきゅうり手巻き 304....................
- 83。ケールチップハンドロール 307.............
- 84。ホッキョクイワナ手巻き 311................
- 85。生まぐろ手巻き 314........................
- 86. キムチとトマトとアンチョビの手巻き 317....
- 87。生野菜手巻き 320..........................
- 88。ココナッツシュリンプ手巻き 323...........
- 89。ホタテの手巻き焼き 327...................

刺身...330
- 90。ホタテのカルパッチョ 331.................
- 91。甘海老の刺身 334.........................
- 92。ポケトリオ 337...........................
- 93。オヒョウのレモンと抹茶の塩 340...........
- 94。牛たたき盛り合わせ 343...................
- 95。マグロの刺身 ハラペーニョのグラニータ添え 347
- 96。メロン刺身 350...........................
- 97。ティラピアと海老のセビーチェ刺身 353....
- 98。伝来のトマト刺身 356.....................
- 99。紙薄ティラピアの刺身 359.................
- 100。ツナとアボカドのタルタル 362............

結論...365

前書き

寿司は伝統的な日本の料理で、通常は砂糖と塩を加えた酢飯に生の魚介類や野菜などのさまざまな具材を添えます。寿司のスタイルとその盛り付けはさまざまですが、重要な食材の1つは、シャリまたはスメシとも呼ばれる「寿司飯」です。

寿司は伝統的に中粒の白米で作られていますが、玄米や短粒米でも作ることができます. イカ、ウナギ、ブリ、サーモン、マグロ、またはカニの模造品などのシーフードで調理されることがよくあります。多くの種類の寿司はベジタリアンです。多くの場合、生姜の酢漬け (ガリ)、わさび、醤油で提供されます。大根やたくあんは人気の付け合わせです。

食事としての寿司は伝統的な概念ではありません。しかし、自宅で素晴らしい寿司を作ることに時間を費やすつもりなら、おそらく完全な経験をしたいと思うでしょう. お好みやご予算、お時間に合わせてお寿司を簡単にアレンジできます。

伝統的な日本の寿司

1. 巻きずし

材料

お寿司とご飯：

- 炊飯器 2 杯 短粒米
- 2インチの昆布（干し昆布）
- 米酢 大さじ 4
- 砂糖 大さじ 2
- 塩 大さじ 1（コーシャまたはシーソルト。食卓塩を使用する場合は半分使用）
- 水

細巻：

- ペルシャ/日本のきゅうり 1 本
- 6.8 オンス。刺身用マグロ
- 納豆 1 箱
- 海苔 5 枚
- 醤油
- わさび（お好みで）
- すししょうが（お好みで）

手酢（手酢水）：

- $\frac{1}{4}$ カップの水
- 米酢 大さじ 1

方向

1. 米を何度かすすぎ、でんぷんをできるだけ多く抽出し、少なくとも 30 分水に浸

します。昆布表面の白い粉を落とさないように、ぬれ布巾で軽くふき取ります。
2. 炊飯器で米を炊き、必要な量の水を加えます (炊飯器のマークを探します)。ふた付きの鍋でご飯を炊く場合は、0.5 リットル強の水が必要です。干し昆布を入れると風味が増します。
3. 小鍋に米酢、塩、砂糖を入れて中火にかけ、砂糖が溶けるまでかき混ぜながら沸騰させる。冷ます。
4. 炊きあがったご飯を平鍋に移し、すし酢を加えて軽く混ぜます。皿の上に濡れた布を置き、脇に置きます。
5. 細巻きは、きゅうりの両端を切り、縦半分に切り、種を除いて2回繰り返すと8本になります。
6. まぐろは1/4〜1/2インチに切った後、1/4〜1/2インチの細切りにする。
7. 納豆に醤油または付属の調味料を入れ、とろみがつくまで混ぜる。
8. 小さなボウルに、$\frac{1}{4}$カップの水と大さじ1の米酢を混ぜます。この酢水に手を浸すと、ご飯がくっつきにくくなります。
9. 長方形の海苔は長辺を半分に切る。光沢のある面を下にして、半分のシートを竹寿司マットの上に置き、シートの長い方の面を最も近いマットの面と平行にしま

す.この最も近い側に 3 〜 4 個のスラットが見えるようにします。

10. 計量カップを酢水で湿らせ、濡れた手にわずか 1/2 カップすくい取ります。海苔の左中央にご飯をのせたら、上端に 1cm ほど空けて広げます。 次に、ご飯の真ん中に具を 1 つ置き、指で押さえながら巻きます。寿司を餡の上に乗せ、ご飯の端に着地させる.軽く形を整え、マットを通してロールを締めます.マットを取り除いた後、寿司をもう一度巻き、海苔の端を密封します.

11. ロールを 6 つに切り、ナイフを湿らせた布で常に湿らせます。調味料と一緒にお召し上がりください。

2．細巻

寿司飯の材料：

- すし飯 660g
- すし酢 50ml

細いロールの材料：

- 刺身用の細長い魚 1切れ
- 海苔 1枚
- わさび 大さじ 1/2
- 奉仕する：
- しょうゆ 大さじ 1

方向

1. シャリシャリや大きめのボウルの内側を湿らせて、ご飯がくっつかないようにします。寿司飯を作るときは、炊きたてのご飯が熱々である必要があります。
2. 炊きたてご飯を器に盛り、すし酢を加える。酢がよくなじむまで、しゃもじを使って酢をご飯にそっと混ぜます。すし飯を室温まで冷まします。寿司飯が乾かないように、濡らした布巾をかぶせます。
3. 海苔は半分に切り、つやのある面を下にして寿司マットの上に置きます。黄金律として、海苔の光沢のある面

は常に寿司の外側にある必要があります．

4. 寿司飯約 **80g** を海苔の上にのせ、上端 **1cm** を残して均等に広げます。わさびを少々加え、刺身用の切り身を中央にのせます。
5. 下から巻き始め、ロールの端を押し込んでフィリングを完全に包み込みます。マットの端を持ち上げ、寿司がしっかりした円柱になるまで転がし続けます。
6. 鋭利なナイフの刃を少し濡らし、ロールを **6** つにスライスします。まず、半分に切り、さらに半分を三等分します。米が包丁にくっつかないように、切れ目の合間に湿ったタオルで包丁をきれいにします。

3. ちまき

材料

- 酢飯 2 カップ
- 海苔 3 枚 (寸法 7 x 9 インチ)
- 熟したアボカド 1 個
- きゅうり 1 本
- 卵焼き 1 個
- しょうゆ 少々
- わさびまたはディジョンマスタード 小さじ 1/2
- 生姜の酢漬け（ガリ） 大さじ 1

方向

1. きゅうりの皮をむき、きゅうりの長さに沿ってスプーンで半分に切り、それぞれの半分の種を取り除きます
2. キュウリの長さ全体にわたって、各半分を 2 つに切り、各 4 分の 1 を再び半分に切ります。これにより、8 本の長いキュウリスティックが得られます
3. 既製の卵焼きを 1/5×1/5 インチの短冊状に切る
4. 熟したアボカドを、ナイフをピットの周りで動かして、半分に切ります。ピットを取り外します。大きなスプーンで半分から肉をすくい取り、ボードに置きます。
5. ナイフを使って 1/5 x 1/5 インチの細切りアボカドを切ります

6. まくしをまな板の上に置き、その上にラップをのせ、海苔のツヤのある面を下にして、その上に海苔の長いほうを手前に置き、その上にすし飯半カップをまんべんなく広げ、海藻シートの遠い（長い）端から1インチは米で覆われていない．ぬれたカップを使用し、ぬれた指でご飯を扱います

7. 次に、ご飯の上に、アボカド、卵焼き、キュウリのストリップを、カバーされたシートの長辺に沿って並べて配置します

8. 次に、海苔が見えるように、海苔を手前に転がします。巻く前にロールを締めて、覆われていない海藻のインチもキャプチャします。

4. 太巻き

かんぴょうの具材

- 干しかんぴょう（大根）1オンス
- 水（漬け込み用）
- だし汁 2/3 カップ
- 醤油 大さじ 3
- 砂糖 大さじ 2
- みりん 大さじ 1

卵焼き用

- 卵 2 個と砂糖小さじ 2
- キャノーラ油

材料太巻き用

- 海苔 4 枚
- すし飯 6 合（すし酢で味付けした白米を蒸したもの）
- きゅうり 1 本（縦に 4 等分に切る）

方向

1. 小鉢に干し大根を洗い、すすぎ、水気を切る。
2. その後、柔らかくしなやかになるまで約 1 時間真水に浸します。
3. かんぴょうの余分な水分を絞る。
4. 柔らかくなったかんぴょうは 8 センチくらいの長さに切る。

5. 中鍋にだし汁、しょうゆ、砂糖、みりんを入れて混ぜる。中火で沸騰させます。
6. かんぴょうを加え、弱火で汁けが少なくなるまで煮る。冷まします。

卵焼きを用意する

1. 小さなボウルに卵と砂糖を入れて混ぜます。
2. 小鍋にキャノーラ油を熱し、鍋全体になじませる。卵の混合物を加えて薄い層を作ります。次に、卵焼きをゆっくりと巻く、または折りたたむと、厚焼き卵焼きができます。
3. 鍋から取り出して冷まします。長い棒状に切ります。

太巻き寿司を作る

1. 竹マットの上にラップを敷きます。（こうすることで後片付けが楽になります。）竹ひごのラップの上に大きな海苔をのせます。
2. 海苔の上に寿司飯1/4量をまんべんなく広げます。
3. 中央のご飯の上に、かんぴょう、玉子焼き、キュウリスティックを横に並べます。竹箐笥を丸め、手前に押して寿司を円柱状にします。竹箐笥をしっかりと押して、寿司から外します。

4. 寿司を脇に置いて、さらに3つの太巻きロールを作るために繰り返します。
5. 太巻きを切る前に包丁をぬれ布巾で拭きます。巻いた太巻き寿司は一口大に切る。

5. 裏巻

寿司飯の材料：

- すし飯 660g
- すし酢 50ml

裏返しの材料：

- 刺身用の細長い魚 1 切れ
- きゅうり 1 本
- 海苔 1 枚
- 1 小枝ディル
- わさび 大さじ 1/2
- お召し上がり方：醤油 大さじ 1

方向

1. シャリシャリや大きめのボウルの内側を湿らせて、ご飯がくっつかないようにします。寿司飯を作るときは、炊きたてのご飯が熱々である必要があります。
2. 炊きたてご飯を器に盛り、すし酢を加える。酢がよくなじむまで、しゃもじを使って酢をご飯にそっと混ぜます。すし飯を室温まで冷まします。寿司飯が乾かないように、濡らした布巾をかぶせます。
3. 海苔は半分に切り、つやのある面を下にして寿司マットの上に置きます。黄金律として、海苔の光沢のある面は常に寿司の外側にある必要があります。

4. 寿司飯約 110g を海苔の上にのせ、まんべんなく広げます。米の上にディルの小枝を置きます。海苔とすし飯をひっくり返し、海苔が上になるようにする。わさびを少し加え、キュウリと刺身用の魚の 2 つのストリップを中央に置きます.

5. 下から巻き始め、ロールの端を押し込んでフィリングを完全に包み込みます。マットの端を持ち上げ、寿司がしっかりした円柱になるまで転がし続けます。

6. 鋭利なナイフの刃を少し濡らし、ロールを 6 つにスライスします。まず、半分に切り、さらに半分を三等分します。

6. 手巻き

材料

- 寿司飯 200g
- 海苔 2 枚
- すし酢 50ml
- しょうゆ 大さじ 1（お好みで）

おすすめの詰め物

- ツナ缶マヨネーズ
- ツナ
- サーモン
- 卵焼き
- アボカド
- シーフードスティック
- 車海老
- キュウリ

オプション調味料

- マヨネーズ
- 白ごま
- 黒ゴマ
- わさび
- 柚子胡椒

方向

1. 米 200g を炊き、すし酢 50ml を加えて混ぜ、冷ましてからご使用ください。

2. 具材は 10cm 程度の細切りにし、海苔は半分に切る。
3. 海苔1枚のザラザラした面に、すし飯を左半分を覆うように広げます。お米を端まで広げる必要はありません。
4. お好みでごまをふりかけると風味が増します。
5. 左手に海苔を水平に置きます（最初からでも大丈夫ですが、ご飯を広げた後の方がやりやすいかもしれません）。
6. ご飯の上に具材を真ん中から乗せていきます。どんな組み合わせでも構いませんが、サーモンとアボカドはお互いを引き立てることがよくあります。
7. 手巻きを巻きます。詰め物の上から、まず詰め物側を左から折ります。次に海苔の無地の面を右から巻き込み、手で円錐形にします。詰め物から取った湿った米のプレス片でロールの端を固定します。

7. 茶巾寿司

ちらし寿司の具材:

- 米 150g
- ちらし寿司飯 1 パック

卵のクレープ包みの材料:

- 卵 9 個
- 片栗粉片栗粉 大さじ 2、水小さじ 2
- 砂糖 大さじ 2
- 塩 大さじ 2
- ねぎ 7~8 本

方向

1. ご飯を作ります。
2. 炊きたてのご飯をすし桶などに入れ、混ぜ合わせます。ちらし寿司飯の素を加えてよく混ぜる。冷やすために取っておきます。
3. 別のボウルに卵、片栗粉片栗粉、砂糖、塩を入れてよく混ぜ合わせる。
4. 焦げ付き防止のフライパンを中火にかけ、直径 20cm くらいの薄焼き卵クレープに生地を流し入れる。片面 1~2 分ずつ焼き、火から下ろします。卵の混合物がすべて使い果たされるまで、この手順を繰り返します (約 15 個のクレープが完成

するはずです)。冷やすために取っておきます。

5. 長ねぎを縦半分に切ると、2本の細い帯になります。皮が柔らかくなるまで熱湯でゆで（約1分）、すぐに冷水につけて調理を止めます。

6. すべての材料が冷めたら、組み立ての時間です。平らな台に卵ちりめん1個を置き、真ん中に一口サイズのちらし寿司飯をのせます。たまごクレープの側面を上にして、ご飯の上でひとまとまりになるようにします。長ねぎの輪切りで結び、余分なところは切り落とす。その後、提供してお楽しみください。

8. はまがり寿司

材料

- 10 ハマグリ（あらとり）
- 日本酒 200ml
- しょうゆ 大さじ 3
- 砂糖 大さじ 4
- みりん 40ml
- 炊きたてご飯 700g
- 酢 40ml
- 砂糖 20 グラム
- 塩 小さじ 2/3

方向

1. あさりの殻をこすり合わせながら流水で洗い、ぬめりを取る。
2. 鍋に料理酒を沸騰させ、あさりを茹でる。ふたをしてあさりを 3~4 分ほど蒸らし、鍋から取り出す。後で使用するために、液体を鍋に保存します。
3. 貝殻にナイフを突き刺してこじ開けます。肉を傷つけないように慎重に切り分けます。
4. 肉の形を整え、包丁を使って足から肉をバタバタとはがします。
5. 鍋に 2 で残ったあさりの汁と A の調味料を入れ、とろみがつくまで弱火で煮詰める。

6. Bの材料を合わせたおひつにご飯を移す。ごはんをほぐしながら、Bの材料を混ぜ合わせる。
7. 酢の混合物 (役立つヒントを参照) を手に塗り、寿司飯を握り寿司にします。その上にあさりをのせて形を整え、タレを塗って完成です。

9. 握り寿司

材料

- 寿司飯 320g
- すし酢 80ml
- 海苔
- 握り寿司型
- わさびペースト
- 醤油
- すし生姜の酢漬け

トッピング

- サーモン、マグロ、ブリなどの新鮮な刺身
- スモークサーモン
- エビの煮物
- タコやイカの煮物
- うなぎ焼き
- カニカマ
- 卵焼き和風オムレツ
- アボカド
- しいたけ

1. 握り寿司を作る前に、使用する寿司飯を準備する必要があります。
2. お米の準備にあまり時間をかけたくない場合は、電子レンジで調理できるお米を

お試しください。**250g**の炊き込みご飯にすし酢大さじ**1**を混ぜるだけ。

3. ご飯を炊いている間に、魚の切り身や野菜、その他お好みのトッピングを準備できます。

4. これで、米のさやを作ることができます。寿司職人は通常、水とすし酢を混ぜたもので手をすすぎ、手を清潔に保ち、ご飯がくっつくのを防ぎます。毎回完璧なライスポッドを簡単に作る方法が必要な場合は、にぎり寿司の型を使用してみてください．ご飯をまんべんなく入れて蓋をし、型をひっくり返してご飯を押し出す。

5. わさびのピリっとした味がお好きな方はトッピングの下側に少し足してください。次に、水とすし酢で手を湿らせながら、すし飯のさやにトッピングをしっかりと押し付けます。卵焼きのようないくつかの食材には、通常、トッピングが米のさやから落ちないように、非常に薄い帯状の海苔が入っています．

6. 寿司を提供する伝統的な方法は、少量のわさびペーストと醤油の皿です。醤油にわさびを混ぜて、すしをつけて食べます。

10. 軍艦巻き

材料

お寿司とご飯

- 私も

トッピング

- 生刺身・わさび
- イクラ、トビコ
- カニ、エビ
- 照り焼きチキン、いなり寿司の皮
- ツナとマヨネーズ
- スクランブルエッグ、ゆで卵、マヨネーズ
- アボカド、キュウリ、コーン

方向

1. 寿司飯を炊く。すし飯は冷めても常温でも OK。
2. トッピングの準備
3. すしのりを 6 等分に切る。海苔は通常 20cm です。6 等分に切ると、1 本あたりの幅は 3.3cm になります。各ストリップを 15〜16cm の長さにカットします。端材はトッピングや他の料理に使えます。
4. 小さな長方形の寿司おにぎりを作ります。通常、お米は 20g 程度で、かなり小さいです。上部を平らにするか中空にします。

5. 滑らかな面を外側にして海苔で各ボールを包み、その上にトッピングを置きます.

アメリカン寿司

11. カリフォルニアロール

材料

- 炊いたすし飯 2 カップ（460g）
- 調味米酢 ¼ カップ (60 mL)
- 寿司用のり 半切 4 枚
- ごま 小さじ 1、お好みで
- かにかま 8 切れ
- きゅうり 1 本（マッチ棒状に切る）
- 薄切りアボカド 1 個

方向

1. すし飯を米酢で味付けし、室温になるまで扇いで混ぜます。
2. 巻きすの上に、ざらざらした面を上にして海苔を 1 枚置きます。
3. 手を濡らし、一握りのご飯を海苔の上にのせます。つぶさずに海苔全体にまんべんなく広げます。ご飯に胡麻をひとつまみ加え、海苔が上になるようにひっくり返します。
4. 下から 2.5cm のところにカニ、アボカド、きゅうりを横一列に並べます。
5. 海苔とマットの両方をつかみ、マットを詰め物の上に転がして、底の余分なスペースが反対側に触れるようにします。ロールがその形を保持しないように、途中で絞ってください。

6. ロールをまな板に移します。ロールを6等分にスライスする前に、湿らせたペーパータオルでナイフをこすります。

12.　海老の天ぷら巻き

材料

- 1 1/2 カップの寿司飯と 2 カップの水
- 味付け米酢 まるかん 1/4 カップ
- 天ぷら衣
- 1 ポンドの大きなエビの皮をむき、背わたを取り除いた
- 18 オンス。パッケージ 模造カニカマ
- 熟したアボカド 1 個
- キュウリ 1 本
- 4 オンス。クリームチーズとマヨネーズ大さじ 2
- 焼き海苔 5 枚
- 黒ごまと白ごま
- 竹寿司マット
- 揚げ物用コーン油

方向

1. お米を 2～3 回程度洗い、炊飯器に入れます。1 と 1/2 カップのすし飯を 2 カップの水で炊く。出来上がったら、大きな天板に移します。しゃもじでやさしくお米を切ります。ご飯をすくってひっくり返します。炊きあがったご飯に米酢をまんべんなくかけ、冷めるまでしゃもじですくい続けます。
2. ご飯が冷めている間に、天ぷらを袋の表示通りに作る。大きなフライパンに油を 2 インチの深さまで注ぎます。えびを天ぷらの

衣につけて中火で焼きます。えびは茹ですぎないように。エビをバッチごとに2〜3分間揚げます。

3. エビが終わったら、それらを脇に置きます。
4. カニかまぼこを細かく刻み、マヨネーズと和えます。アボカドは薄切り、きゅうりは薄切りにする。私はクリームチーズをパッケージで買います。よく切れる包丁でクリームチーズを細長く切る。
5. 次に、天ぷらの衣をつけたエビを半分にスライスして、同じ部分が2つになるようにします．
6. 寿司マットをラップで覆い、真ん中に焼き海苔を1枚置きます。手を水で濡らし、一握りのご飯をつかみます。海苔の上にご飯を広げ始め、海苔全体を薄く覆うようにします。ご飯を強く押しすぎると、つぶれてしまいますのでご注意ください。米は非常にべたつくことがあるため、常に手を濡らしておくと本当に役立ちます。
7. ご飯がまんべんなくなじんだら、ごまをふり、のりをひっくり返します。海苔の真ん中にカニかま 大さじ2程度、きゅうり2切れ、アボカド2切れ、クリームチーズ1切れ、天ぷら海老2切れをのせます。
8. これはトリッキーな部分です。巻き寿司で海苔を手前にめくりながら、中の具材を軽

    く押さえる。寿司マットで寿司を巻き続けます。
9. よく切れる濡れ包丁を使って、巻き寿司を8等分に切る。

13. ドラゴンロール

材料

- 海老の天ぷら8貫
- トビコソース 大さじ2
- 寿司飯2杯
- 海苔2枚
- スライスした中型アボカド2個
- 中サイズのきゅうり1本
- レモン数滴
- トッピング用
- スパイシーマヨ
- 黒ごま
- うなぎソース

方向

1. アボカドが変色しないようにレモン汁をスプレーします。
2. ご飯が竹マットにくっつかないように、ビニールシートで覆います。
3. 海苔を半分に切ってマットの上に置きます。引き裂くか、はさみを使用して、両方の部分が均等で均一であることを確認してください。
4. 水か酢で手を濡らし、海苔の上にご飯を広げます。ご飯を押しすぎると、べたついてふっくら感がなくなります。
5. ご飯が竹かごに面するように、慎重にシートを裏返します。

6. 海老の天ぷらを海苔にのせ、その上にきゅうりをのせます。海苔の反対側の端にトビコをのせます。
7. 下端をつかみ、竹マットの助けを借りて、海苔シートを詰め物の上にしっかりと折り始めます.
8. アボカドを縦に切り、竜の鱗のように巻きます。
9. プラスチックシートでロールを再び覆います。鋭利なナイフを使用して、6等分をできるだけ均等にカットします。アボカドのスライスを壊したりつぶしたりしないように、非常に優しくしてください。
10. サーブする前に、スパイシーマヨネーズ、とびこソース、黒ごまをのせます。お好みでうなぎソースを添えてもいいですね。

14. キャタピラロール

材料

- しょうゆ 1/4 カップ
- 酒 1/4 カップ
- 砂糖 1/4 カップ
- 1 バッチの準備された寿司飯
- すなぎ 2 パック（1/2 インチのストリップにカット）
- アボカド 2 個（半分に切り、皮をむき、種を取り、スライスする）
- 熱々のきゅうり 1 本（種をスプーンで取り除き千切りにする）
- 無味海苔 1 パック

方向

1. 小鍋にしょうゆ、酒、砂糖を入れて煮汁をほとんど飛ばし、とろみのあるとろみがつくまで煮つめ、かばやきのたれを作ります。
2. キャタピラーロールはご飯が外側になるように巻くので、ご飯がくっつかないように巻き簾をラップで覆う必要があります。ご飯が指にくっつかないように、指を浸すための小さなボウルを用意します。
3. 海苔を慎重に半分に折ります。海苔が新鮮な場合は、折り目に沿って簡単に半分に分割され、3.75 インチ x 8 インチのピースが 2 つできます。割れにくい場合は、海苔をハサミで半分に切ります。

4. 海苔を1枚、マットの底に敷き詰めます。指を水で軽く濡らし、海苔に少量のご飯をのせます。
5. 指が湿っていることを確認してから、指先を使って海苔の端まで米を薄く均一に広げます。力を入れすぎると、米粒がつぶれてしまいます。
6. ごはんと海苔をひっくり返して、ごはんが下、海苔が上になるようにします。きゅうりを海苔の下端に沿って置き、その上にうなぎをのせます。
7. 竹マットの下に親指を入れ、残りの指で具材を押さえます。詰め物の上にマットを巻き上げます。
8. マットがロール全体に来たら、片手で転がし続け、もう一方の手でマットを持ち上げて、寿司に転がらないようにする必要があります。
9. キャタピラー ロールが完全に巻かれたら、全体を指で抱き締めます。こうすることで米が圧縮され、スライスしたときにバラバラになりにくくなります。
10. アボカドのスライスをロールの上に広げ、アボカドの各薄いスライスが次のスライスと重なるようにします。
11. ロールをもう一度竹マットで包み、もう一度抱きしめます。
12. 出来上がったキャタピラーロールをまな板に移し、よく切れる包丁(できれば寿司包

丁）で8等分に切る。ナイフの後端をロールの上に置き、ナイフの重さを使用してロールをスライスし、ナイフを手前に引いて、ロールのスライスを開始します。

15.　レインボーロール

材料:

- 寿司飯２杯分。
- 海苔２~３枚
- 以下のごく一部:
- サーモン・マグロ・シーベース
- アボカド
- キュウリ
- ネギ（タマネギの芽）。
- 虹

方向

トッピングを準備する

1. ３種類の魚を薄く均等に切ります。推奨される厚さは 0.5 cm (約 1/4 インチ) です。長くて幅の広いスライスを作ってロール全体をコーティングすることもできますし、ロールの上部だけをコーティングするために小さなスライスを使用することもできます.

フィリングとローリングの準備

1. きゅうりは細長い棒状に切る。きゅうりはできるだけ細く、きゅうりが小さすぎる場合は半分の長さにします。ネギは薄切りか薄切りにする。
2. 海苔を半分に切り、ご飯をのせます。I/O 巻き用の海苔をひっくり返して、海苔の上

に具材をのせます。巻き寿司を閉じることができる限り、好きなだけ具材を使用してください.

トッピングのトッピング

1. 各トッピングがロールの長さの 1/4 になるように、スライスをロールの上に置きます。
2. アボカドの場合 - 野菜ピーラーを使用してアボカドの薄切りを剥がし、残りを覆うようにロールの上に直接置きます. 皮をむいた直後のアボカドを使用してください。皮を下に置いた後は、拾うのが難しくなります!
3. サランラップテープを巻いた竹製のローリングマットを使用して、トッピングをロールに引き締めます. 最良の結果を得るには、数秒間しっかりと押してください。

16. フィラデルフィアロール

材料

- 寿司飯 2 カップ (460g)
- 調味米酢 ¼ カップ (60 mL)
- 寿司用のり 半切 4 枚
- 4 オンス。スモークサーモン (115g)
- 4 オンス。クリームチーズ (115g) をマッチ棒状に切る
- きゅうり 1 本 (マッチ棒状に切る)

方向

1. すし飯を米酢で味付けし、室温になるまで扇いで混ぜます。
2. ローリングマットの上に、ざらざらした面を上にして海苔を 1 枚置きます。
3. 手を濡らし、一握りのご飯を海苔の上にのせます。ご飯を潰さずに海苔全体にまんべんなく広げます。
4. 下から 2cm のところにスモークサーモン、クリームチーズ、きゅうりを横一列に並べる。
5. 海苔とマットの両方をつかみ、マットを詰め物の上に転がして、底の余分なスペースが反対側に触れるようにします。ロールがその形を保持しないように、途中で絞ってください。

6. ロールをまな板に移します。ロールを6等分にスライスする前に、湿らせたペーパータオルでナイフをこすります。

17. 野菜巻き

ご飯の具材:

- 洗った短粒米 3 カップ
- 米酢 1/3 カップ
- 砂糖 大さじ 3
- 塩

ロールの材料:

- 海苔 10 枚 半分に切る
- ごま ふりかけ用
- きゅうり 1 本
- アボカド 1 個
- 種をとったプラムトマト 1 個
- 赤玉ねぎ 1 個
- アスパラガス 20 本、トリミングして湯通し
- わさびペースト ぬり、盛り付け用
- ロメイン レタス 1 枚
- 生姜の酢漬け 盛り付け用

方向

1. ご飯を作ります。炊飯器で米と 3 1/4 カップの水を混ぜ合わせ、製造元の指示に従って調理します。酢を入れます。
2. 鍋に酢、砂糖、小さじ 1 の塩を入れて中火にかけ、かき混ぜて砂糖を溶かします。炊きあがったご飯を大きな木の椀（伝統的には木の桶）に移します。木のスプーンまた

はへらで酢の混合物の4分の1をご飯にかけます。ご飯をスプーンで軽くたたんで冷やし、ダマをほぐします。残りの酢の混合物を入れて、ご飯を5分間放置します。ご飯を広げます。

3. 巻き寿司をラップで包みます。半海苔をざらざらした面を上にしてマットの上に置きます。手を水で濡らし、レモン一粒大のご飯を海苔の上にすくう。ご飯を押して、海苔の端まで均一に広げ、指を湿らせます。ごまをふりかける。

4. 野菜を準備します。きゅうりは皮をむき、マッチ棒状に切る。

5. アボカド、トマト、赤玉ねぎを薄くスライスします。アスパラガスの固い端の皮をむきます。フィリングを追加します。海苔をそっとひっくり返して、ご飯の面を下にしてマットの上に置き、短い方の端を手前に向けます。わさびは海苔の3分の1くらいの位置まで一列に広げますが、辛いので控えめに。

6. レタス、キュウリ、アボカド、トマト、タマネギをそれぞれ数枚、シートの下3分の1にぎっしりと並べます。

7. 巻き寿司。寿司を手で転がし、野菜を押し込みます。ロールの下からマットを取り外し、上に置きます。マットを使用して、ロールをコンパクトな長方形の丸太に押し込みます。ロールをスライスします。巻き寿

司を 4 ~ 6 等分に切る。残りの海苔、ご飯、野菜で繰り返します。生姜のピクルスとわさびを添えて。

18. ブロッサムロール

材料

- まぐろ 8 貫。寿司等級、切り身、厚さはお好みで
- 1/3 アボカド; スライスされた
- サーモン 4 切れ; 寿司グレード
- 1/4 カップのカニ; 準備されたカニのサラダまたは模造カニ
- 海苔 1 枚; のり
- 1/3 カップの米; もち米酢飯
- バンブーローラー
- サランラップ; 海苔より少し大きめ
- ナイフ; シャープ; 鋸歯がない

方向

1. 海苔のザラザラした面にご飯を広げます。シートの 1/2 から 2/3 だけをカバーします。海苔をひっくり返して、ご飯を下にして、竹のローラーとサランラップの上に置きます。海苔の 1/3 の「ご飯なし」側を手前にしておきます。
2. お好みでアボカド、カニ身、サーモンなどの薄切り野菜をのせます。寿司をしっかりと巻き、最初に丸い部分を作ります。赤マグロの切り身をロールの上に置き、竹のマットでもう一度成形します。

3. 魚が丸太の上部に固定されたら、竹マットを使用してくさび形のピースを作り始め、丸いエッジの片側をポイントに挟みます．
4. 10個に切ると、5個入りの桜が2つできあがります。よく切れる包丁があれば、12個切ることができるかもしれません。あなたが鋭いナイフを持っていない場合。寿司を切るのにサランラップを使います。
5.

19. マンゴーロール

材料

- 完熟マンゴー 1個
- 天ぷら海老 4尾
- ハスアボカド 1/4個
- 炊いて味付けした寿司飯 2カップ
- 海苔 2枚

方向

1. 天ぷら海老を用意。
2. アボカドは長めの短冊切りにする。
3. アボカドと海老の天ぷらをご飯と海苔で裏巻風に巻きます。
4. マンドリン、ピーラー、または鋭利なナイフを使用して、マンゴーを薄く長いスライスにスライスします。
5. 2つのラップ(ローリング マットのサイズ)を平らな面に用意します。
6. マンゴーのスライスをラップの上に並べて、約7インチ x 2インチの長方形の領域を埋めます。
7. 裏返しにした巻き寿司をマンゴースライスの上に直接置きます。
8. ラップを持ち上げながら転がすと、全体にマンゴーカバーの素敵な層ができているはずです。

9. より良い形にカットするまでプラスチックをそのままにして、次のロールで繰り返します．
10. 提供する準備ができたら、鋭利なナイフを使用してカットし、ラップから各ピースをそっと広げます．
11. マンゴーソースを垂らして、すぐにお召し上がりください。

20. ジャンボスパイダーロール

材料

- 大海苔紙のパッケージ
- 寿司飯 2 カップ
- 塩
- ソフトシェルクラブ
- セルフライジングフラワー
- クッキングオイル
- きゅうりの千切り
- ロメイン文字 - 破れ
- わさびペースト
- 生姜の酢漬け
- 醤油
- 寿司ソース

方向

1. 冷水で 2 カップのすし飯をすすぐことから始めます。この X3 を繰り返します。次にご飯を袋の表示通りに塩で炊きます。取っておく
2. 薄力粉にソフトシェルを加え、ごま油でカリッとするまで揚げる。グリースから取り除き、ペーパータオルで水気を切ります。脇に置きます。
3. 次に、キュウリを千切りにし、ロメインを大きなストリップに引き裂きます。海苔紙

を取り出し、濡れた手ですし飯を全体に塗ります。

4. ロメインレタス、きゅうり、最後にソフトシェルクラブを海苔紙の上に乗せます。そして転がり始める。巻いた後、寿司マットを使用して、ロールをしっかりと、しかし優しく形作ります。

5. ローリングマットを取り外し、シェイプナイフでカットします...私のナイフはキットに付属しています。

6. 寿司ソースをかけます。わさびと生姜の酢漬けと醤油でお召し上がりください。

21. ダイナマイトロール

材料

- お寿司とご飯
- 海藻
- マヨネーズ
- キャビア・トビコ
- イミテーションカニ
- 照り焼きうなぎ
- サーモン
- テリヤキソース

方向

1. 材料リストからアイテムを集めます。
2. 寿司巻きマットにサランラップを巻きます。ご飯がマットにくっつくのを防ぎます。
3. ご飯や具材に手がくっつかないように、きれいな水に手を浸します。
4. マットの上に海苔を置きます。次に海苔の上にご飯をのせ、海苔の上にまんべんなく広げます。
5. 海苔のむき面が上になるように海苔をひっくり返します。海苔の真ん中にサーモンとマヨネーズ以外の具材をのせる。あとで使うのでトビコは残しておきます。
6. ご飯や海苔などをマットで丸めます。竹のマットを使用して、バラバラにならないように強く押します。
7. 巻き寿司の上に細長いマヨネーズをのせます。

8. マヨネーズの上に薄く長く切ったサーモンをのせます。
9. サーモンの上にマヨネーズをもう一枚かける。トビコをふりかける。
10. サーモンが調理されていない場合は、オーブンに入れて、サーモンに必要な熱が加えられるまで放置します. または、そのままの方が好みの場合は、カットしてポーションを開始し、次のステップに進みます.
11. 好みの焼き加減になったら、オーブンから取り出して等分に切り、お好みで照り焼きソースを少しかける。その他、ダイナマイトロールも楽しめます。

22. 火山ロール

材料

ロールの場合：

- 炊いたすし飯 1 カップ
- 味付け米酢 小さじ 1~2
- 海苔 2 枚
- ねぎ 4~6 本 + 飾り用
- イギリス産きゅうり 1/4 本（皮をむき、薄切り）
- 2 大さじ クリームチーズ オプション
- 焼きごま 大さじ 1 杯（オプション）

ボルケーノトッピング：1 つお選びください

- ジャンボシュリンプ（生、解凍、洗浄/背わた取り）8 尾
- 4 オンスの生サーモン
- 4 オンスの生のホタテまたは海のホタテ

スパイシーな火山ソース：

- 高品質のマヨネーズ 2/3 カップ
- シラチャー 大さじ 2
- 一緒に泡立て、必要に応じてスパイス/熱を調整します

方向

1. オーブンまたはトースターを華氏350度に予熱します。
2. 寿司飯を炊き、ふたをして10分間放置します。器に移し、味付け米酢を加える。フォークで毛羽立ち、冷まします。
3. ご飯を炊いている間、私はスパイシーな火山のトッピングから始めるのが好きです。
4. 生のエビ、ホタテ、またはサーモンを細かく刻み、火山ソースでトスします。
5. アルミホイルの中くらいの大きさの正方形に混合物を注ぎ、こぼれないように端を少し丸めます。
6. 約15分間、またはシーフードが不透明になり、完全に火が通るまで焼きます。オーブンの時間は多少異なる場合がありますが、それほど長くはかかりません。エビは調理に少し時間がかかるので、ほぼ完全に調理されるまでコンロでソテーしてから、ソースを添えてオーブンで仕上げることをお勧めします。時間の節約になります。
7. 魚介類を焼いている間に、竹マットにラップを敷き、その上に海苔をのせます。
8. きゅうりは細切りにし（真ん中の種を取り除いてからスライスするのが好きです）、クリームチーズを2本の細切りに巻き、ネギの端を切り落とします。

9. スプーンなどを使って海苔の上にご飯を薄く広げ、きゅうり、クリームチーズ、ネギを海苔の端にぎっしりと3列に並べます。
10. 巻いてスライスしてゴマをまぶして！
11. これで、燃えるようなオレンジ色の火山のトッピングの準備が整いました。

a)

23. アラスカロール

4人前

材料

ロールの場合：

- 1 (8 オンス) パッケージのクリーム チーズ、柔らかくする
- オニオンパウダー 小さじ ½
- コーシャーソルト 小さじ ½
- 海苔 4 枚
- きゅうり 1/2 本、薄く削る
- 12 オンス。lox、分割

シラチャ アイオリの場合:

- クラシックアイオリ 大さじ 3
- シラチャーソース 小さじ 2

方向:

1. 小さなボウルにクリームチーズ、オニオンパウダー、塩をハンドミキサーで混ぜます。
2. 寿司マットまたは羊皮紙の上に海苔を置きます。2 オンスのクリームチーズ混合物、2 個の剃ったキュウリ、3 オンスのロックスで、あなたに最も近い端から 1 インチのところに水平に並べます. マットまたは羊皮紙が巻き寿司の中に巻き込まれないように、マットまたは羊皮紙をガイドとして使用し

て、寿司を巻きます。残りの材料で繰り返し、合計4つのロールを作成します。巻き寿司を脇に置きます。

3. 小さなボウルで、アイオリとシラチャーを一緒に泡だて器で混ぜます。
4. 巻き寿司を8等分に切り、シラチャーアイオリを添えます。巻き寿司とアイオリは密閉容器に入れて冷蔵庫で4日間保存できます。

24.アスパラ巻き

材料

- アスパラガス数本
- 胡麻油
- 醤油
- 炊き込みご飯
- 海苔または大豆の巻き寿司
- スモークサーモン
- ギリシャのクリームチーズ
- シラチャー・ソース
- ネギのみじん切り
- 黒ごま

方向

1. オーブンを華氏400度に予熱します。アスパラガスの槍を小さな天板に置き、小さじ1杯のごま油をその上に振りかけ、そっと投げて槍に油を薄く塗ります。アスパラガスに醤油を少々垂らす。アスパラガスを約10〜15分間、または槍がカリッと柔らかくなるまで焼きます。
2. アスパラガスが焼けたら、海苔を光沢のある面を下にして、竹またはシリコン製の天板に置きます。海苔をすし飯で覆い、海苔を完全に覆います。ご飯がくっつかないように、指を水に浸します。ご飯を海苔の上に押し付けて薄い層を作ります。もう一度指を濡らし、その水で上のご飯を少し濡ら

します。ごまをふり、海苔が上になるようにひっくり返します。
3. 海苔の 1/3 くらいのところに具材を筋状にします。スモークサーモンのストライプ、アスパラガスのストライプ、マッチ棒のニンジン数本、シラチャの小さな霧雨、クリームチーズのストリップ。ストライプにネギをふりかけます。裏返し巻きなので、海苔が内側の寿司よりも具材を多めに巻くことができます。
4. マットと海苔/ライスシートをトッピングの上に折り畳み、手前に押し下げて寿司を巻き上げ、残りのロールをゆっくりと転がし、押して素敵な円柱を作ります．
5. 非常に鋭利な湿ったナイフを使用して、寿司を 1/2 〜 3/4 インチの厚さのスライスに切ります。必要に応じて繰り返します。わさび、生姜のピクルス、シラチャーを添えて、辛いのがお好きな方に。

25. ボストンロール

材料

すし飯用

- すし飯 1カップ 短粒のすし飯
- 1カップの水
- 寿司酢大さじ 1/2（オプション）、または米酢大さじ 1、砂糖大さじ 1/2、塩小さじ 1/2 を混ぜ合わせます
- ボストン寿司の場合
- トビコ（または真砂） 大さじ 3〜6
- 6オンス。エビ
- 1/2 キュウリ 1/2 インチのストリップにカット
- 海苔 2枚
- 2 アボカド 熟したがまだ固い
- サービングのオプション：
- 醤油
- わさびペースト

方向

1. すし飯の炊き方：お米を洗って、水と一緒に炊飯器に入れます。焼きあがったら大きめのボウルに移し、少し冷ます。温かいうちにすし酢（または米酢、砂糖、塩を混ぜたもの）を入れてよく混ぜます。
2. ポーチシュリンプ：鍋に湯を沸かし、ひとつまみの塩をふりかける。海老を入れて蓋をし、火から下ろす。エビが完全に調理されるまで、約 3〜5 分放置します。ポーチドシュリンプを氷水を入れたボウルに移

し、調理プロセスを止めます。海老は水気を切り、殻をむき、尻尾を取り除く。
3. ボストン巻き寿司を作る：竹マットの上にラップを敷きます (これにより、片付けが簡単になり、ご飯が竹にくっつくのを防ぎます)。
4. 海苔を半分に折り、ハサミで割る。
5. 海苔の半分をマットの下に置きます。
6. 竹マットの上に海苔の半分を置きます。
7. 手を軽く濡らし、炊いたご飯を約 3/4 カップとります。ご飯を縁まで薄く均一に広げます。圧力をかけすぎると、ご飯がどろどろになってしまいます。
8. 海苔の上にご飯を広げます。
9. ご飯と海苔をひっくり返して、ご飯が下、海苔が上になるようにします。
10. 海苔の上に海老、アボカド、きゅうりをのせる。フィリングを追加しすぎると、ロールが適切に密閉されなくなります。
11. 海苔の上に海老、アボカド、きゅうりをのせて。
12. 親指を竹マットの下に置き、端を持ち上げて詰め物の上に置きます．
13. 竹マットを手前に転がし、力を加えて締めます。両端が合うまで転がし続けます。
14. 竹簀笥を外し、上にトビコを広げます。
15. 巻き寿司にトビコを添える。
16. その上にラップをし、寿司マットをかぶせます。トビコをロールの周りに押し付けるように軽く絞ります。
17. トビコの上にラップをのせます。

18. ラップをしたまま、竹マットを取り外します。ロールケーキは一口大に **8** 等分に切る。各ピースからラップを取り外します。奉仕して楽しんでください！

26. カリカリロール

2人前

材料

- 水 2 カップ (480 mL)
- 小さじ 1 杯のコーシャソルト、さらにお好みで
- すし飯 1 カップ（200g）水が透明になるまですすぐ
- 砂糖 大さじ 1
- 米酢 ¼ カップ (60 mL)
- キャノーラ油 大さじ 1
- ⅓ カップパン粉 15g
- コショウ 小さじ ½
- マヨネーズ ¼ カップ（60g）
- シラチャ 大さじ 1
- 16 オンス。カニ（455g）、2 缶、水気を切る
- ペルシャキュウリ 1 本（薄くスライス）
- 大根 4 個、薄切り
- 薄くスライスした海苔 大さじ 2
- 長ねぎ 1 束 斜め薄切り
- ごま 大さじ 1
- 生姜の酢漬け 大さじ 2
- アボカド 1 個（さいの目に切る）

方向

1. 小鍋に水を入れ、塩少々で味を調えます。強火で沸騰させます。研ぎ澄まされた米を加えて、沸騰させます。蓋をして弱火にし、20分ほど水分を飛ばして米が柔らかくなるまで煮る。
2. 小さめのボウルに砂糖、塩、米酢を入れて混ぜます。電子レンジで2分間、または砂糖が溶けるまで加熱します。
3. 炊きあがったご飯を中くらいのボウルに移し、酢を入れて木べらでよくかき混ぜます。
4. キャノーラ油を中火で熱します。油がきらめき始めたら、パン粉を加えてよくかき混ぜながら、きつね色になるまで1～2分調理します。塩、こしょうで味をととのえ、火から下ろします。
5. 小さなボウルに、マヨネーズとシラチャーを入れて滑らかになるまでかき混ぜます。
6. ボウルを組み立てるには、味付けしたご飯を2つのサービングボウルに分けます。カニ、カリカリのパン粉、きゅうり、大根、海苔、ねぎ、ごま、生姜の酢漬け、アボカドをのせます。上からシラチャーマヨネーズを垂らす。
7. 楽しみ！

27. ハワイアンロール

材料

- 大釜スイートジンジャー オーガニック豆腐 1 パック、水気を切り (マリネはそのまま)、縦にスライスします。
- 縦にスライスしたアボカド 1 個
- 縦にスライスしたパイナップル ¼
- 種を取った赤唐辛子 1 本
- ねぎ 1〜2 本
- にんじん 1 本 (非常に薄くスライス)
- 乾燥ココナッツ 大さじ 2
- 海苔 4 枚

米の場合:

- 冷水で洗ったすし飯 250g
- 米酢 大さじ 2
- グラニュー糖 小さじ 1

マンゴーサルサ:

- さいの目に切ったマンゴー ½ 個
- ねぎ 1 本
- 赤唐辛子 1 本 (種を取り、細かくスライス)
- 刻んだミント/コリアンダー 大さじ 1
- ½ ライム、ジュース

ディップソースの場合:

- 大釜甘じょっぱい豆腐マリネ
- 柚子果汁 大さじ2
- しょうゆ 小さじ1

方向

1. 冷水を入れた鍋に米を入れ、水が白濁するまでかき混ぜます。水が透明になるまで3～5回繰り返し、30分間浸します。
2. 鉄板を中火で予熱し、豆腐、パイナップル、アボカドに油を塗り、両面を5分間、または焼き色がつくまで焼きます。
3. ココナッツを乾いたフライパンで中火で黄金色になるまでトーストし、取っておきます。
4. 米の水を切り、水390mlを加えて蓋をし、蓋を外さないように強火で沸騰させる。
5. 火を弱めて15分間煮込み、火から下ろして蓋をしたまま15分間蒸らします。
6. その間、マンゴー、チリ、ネギ、ハーブ、ドレッシングを細かく刻み、ライムジュースに漬けておきます。
7. 豆腐のマリネ、柚子ジュース、醤油を混ぜ合わせ、取っておきます。
8. 米酢と砂糖を混ぜ合わせ、しゃもじで炊いたご飯を丁寧にかき混ぜます。

9. 巻きずしをラップで包み、手を濡らして湿らせた布巾で包み、その上にご飯をのせて厚さ 1cm の長方形にプレスする。その上に海苔をのせ、その下にお米が収まるように形を整えます。
10. トッピング用に取っておき、豆腐、パイナップル、アボカド、唐辛子、ねぎ、にんじんを海苔の下端から 2cm の位置に横に並べる。
11. マットの下端を親指で持ち上げ、詰め物を指で押しながら、下端を巻き上げて詰め物の上に置き、粘着フィルムとマットがはみ込まれないようにします。
12. 巻き寿司を締め、フィルムをはがし、残りの豆腐、アボカド、パイナップルを上にのせ、よく切れるナイフで慎重にスライスし、トーストしたココナッツ、マンゴー サルサ、ディップ ソースを添えます

28. ラスベガスロール

材料

- ハラペーニョペッパー 1個
- ハスアボカド 1/4個
- 4オンス。新鮮なサーモン
- 海苔 2枚
- 味付けした寿司飯 1〜1 1/2カップ
- キユーピーマヨネーズ 大さじ2
- 天ぷら衣 1カップと揚げ油

方向

1. ハラペーニョのコショウを洗い、きれいにし、長さに沿って半分に切り、すべての種を取り除きます（熱くならないように流水で）。
2. ハラペーニョは細長く千切りにする。
3. アボカドは細長い短冊切りにする。
4. 鮭は長めの棒状に切る
5. 天ぷらの冷製衣を用意します。
6. ハラペーニョに衣をつけて揚げ、取っておきます。

巻き寿司

7. 巻き寿司のビデオで詳細ガイドを参照するか、簡単に言えば、各海苔シートを竹のマットの上に平らな面に配置するだけです.
8. 1巻きにつき、海苔2/3枚分、すし飯1/2〜3/4カップを使います。海苔を好きな長さに折って、はがすだけ。

9. 寿司飯を海苔の表面にまんべんなく広げます。
10. 天ぷらハラペーニョ、サーモン、アボカド、キューピー マヨネーズの霧雨など、すべての具材を並べます。マヨネーズを軽く塗り、両端を 1/2 インチ離すことを忘れないでください。こうすることで、巻いたときにマヨネーズがにじみ出にくくなります。
11. すばやく持ち上げ、カバーし、保持し、押して、転がします。
12. 最後に、各ロールを天ぷら衣に入れ、熱した油で 1〜3 分間、またはお好みのカリカリになるまで揚げます．
13. 一口サイズにスライスする前に、羊皮紙の上に置いて余分な油を滴らせます。

29. ライオンキングロール

材料

- 8オンスサーモン
- スパイシーマヨ 大さじ 5
- キューピーマヨ 大さじ 1
- うなぎソース 大さじ 2
- トビコ/真砂魚卵 大さじ 2
- 2 大さじネギ – みじん切り
- 海苔 2 枚
- 中サイズのアボカド 1/4
- 1/2 ミニ/ベビーキュウリ
- カニ/すり身 2～4 個または 4 オンス。カニ肉の煮物
- 炊いて味付けした寿司飯 1 カップ
- 手を濡らす酢 大さじ 1～2
- 彩りに生姜の酢漬け

方向

スライス

1. アボカド – 長さに沿ってスライス
2. きゅうり – 種を取り除き、縦に薄くスライスします
3. ネギ – 細かく刻む
4. サーモン – 45 度の斜め薄切り（できれば）
5. 海苔 – 小さい一口サイズのロールが必要な場合は、折りたたんで裂く/切る

6. カニ－細長く細切りにし、大さじ1のマヨネーズと混ぜる

ロール

1. 竹製ローリングマットをプラスチックラッパーで包むことから始めます.
2. べたつきを避けるために手を濡らすことができるように、大さじ2杯の酢と水を入れた小さなボウルを準備します.
3. 海苔の平らな面を下にして、敷き竹の上に置きます。
4. 酢水で手を濡らし、おにぎりを海苔にのせます。
5. そっとこねて海苔全体にご飯を広げます。つぶさないでください。
6. ご飯を広げます
7. 海苔を逆さまにします（つまり、ご飯をかぶった面を下にしてプラスチックに向けます）。
8. 海苔をひっくり返す
9. スプーン一杯のマヨガニを海苔の長さに沿ってすくい取り、きゅうりとアボカドを添えます。
10. マヨガニ、きゅうり、アボカドを添えて
11. ローリングマットで転がすと、スパイシーな裏返しのカリフォルニアロールができあがります。

巻き寿司

1. カリフォルニアロールにサーモンの刺身が全長を覆うように並べます。
2. ラップをそっと転がして所定の位置に形を整えます。
3. 上にサーモンをのせて巻く

焼く

1. オーブンを 400F に予熱する
2. プラスチックがついたまま、鋭いナイフを使ってロールを均一に切ります。
3. ロールを切る
4. 慎重に各ピースの包みを解き、サーモン側を上にして、準備したホイルラップに並べます.
5. 包みを開けてホイルに置きます
6. スパイシーマヨネーズ、うなぎソース、トビコ大さじ 1 を混ぜます。
7. ピリ辛マヨネーズとうなぎソースをロールパンがかぶるくらいかける。
8. スパイシーなマヨネーズとうなぎソースがロールを覆います
9. ソースが漏れないように、ロールの周りでホイルを 4 面上に折ります。
10. 約 5 分間焼いた後、残りのソースを注ぎます。

11. マヨネーズが再び泡立ち始めるまで、さらに3分間焼きます。
12. トビコ、ネギをトッピングし、飾りを添えてすぐにお召し上がりください。

30. ロブスターロール

材料

- 1/2 カップのランゴスチン テール (冷凍を使用)
- 大豆紙 1 枚(3×7 インチ)。
- カラフトシシャモ (真砂) 大さじ 1
- きゅうり 1/4 本
- 1/4 アボカド
- キューピーマヨ 大さじ 2

方向

1. 凍結している場合は、ランゴスティンテールを解凍し、余分な水を絞ります. ランゴスティンテールを 1/4 x 1/4 インチの立方体にゆるく刻み、小さなミキシングボウルに入れます.
2. きゅうりを半分に切って、2 つの丸い半分にします. 半分を取り、長く切ります。次に、下図のように、きゅうりを各半分から 4 本の棒状にスライスします。
3. アボカドは皮をむき、長めの乱切りにする。
4. ランゴスティンテールが入った小さなミキシングボウルに、キューピーマヨネーズ、シシャモの卵を加え、よく混ぜます。
5. 小さなボウルに水を入れます。ロールをシールするために使用します。

6. ソイペーパーを取り、水平に置きます。ラ ンゴスティンテイルミックスを中央に置き、 続いてキュウリとアボカドを置きます。詰 めすぎないように注意してください。そう しないと、ロールが密閉されません。
7. 水の入った小さなボウルに指を浸し、あな たから離れた端を濡らします。
8. 巻くには、指でフィリングを所定の位置に 保ちながら、あなたに最も近い大豆紙の端 をつかみ、タイトなシリンダーに丸めます.
9. 鋭利なナイフを使用して、ロブスター ロー ルを 6 つに切り、皿に盛り付けます。醤油 とわさびでお召し上がりください。

31. おしんこロール

材料

- 生米 2 カップ
- 水 1.9 カップ
- 昆布 1 本
- 米酢 大さじ 4
- 砂糖 大さじ 2
- 小さじ 2 杯の海塩
- 半分に切った海苔 5 枚
- おしんこ漬け大根 1/4 本
- 水または米酢 大さじ 2

方向

1. 生米を洗い、洗った水を完全に切る。
2. 洗った米と水、昆布と一緒に炊飯器に入れる
3. お使いの炊飯器に合わせてお米を炊いてください。
4. すし酢の材料を合わせ、炊飯中に砂糖と塩を完全に溶かす。
5. ご飯が炊きあがったら、昆布を取り除き、ご飯を大きなミキシングボウルまたはハンギリ木製の浴槽（ある場合）に入れ、寿司酢と混ぜ合わせます.

6. すし飯80g（1/2カップ）を小分けにし、ご飯が乾かないようにふきんをかぶせておく。
7. 海苔の長い方を半分に切る。
8. 中火で海苔を焼き、カリッとさせる。
9. お新香大根は海苔の長辺の長さに合わせて5mm角程度の棒状に切る。
10. のりを竹製巻き寿司の上に置きます。
11. あらかじめ分けておいたすし飯1/2カップを、海苔の上部1.5cmを残して海苔の上に均等に広げます。
12. 寿司飯の真ん中に大根おしんこをのせます。
13. 海苔の端を指先ですし酢で濡らします。
14. おしんこに指を添えて、親指と人差し指で巻きすの縁を持ち上げ、海苔とすし飯の端を合わせます。
15. 手で巻き寿司の上に竹巻き寿司マットをしっかりと押し付けます。
16. 残りの材料について、上記のプロセスを繰り返します。
17. 各ロールを鋭いナイフで6分の1にカットします。カットするたびに、よく湿らせたキッチンクロスでナイフをきれいにします。
18. すししょうが、わさび、小鉢の醤油を添えて。

32. シアトルロール

収量: 8個作ります

材料

- タイ青唐辛子 4 本、ヘタを取って粗みじん切りにする
- すりおろした皮をむいた生姜 大さじ 1 と小さじ 1
- 炒りごま 大さじ 1
- にんにく 1 かけ (粗みじん切り)
- 小さじ 1/2 のコーシャソルトと調味料用の追加
- ひまわり油または植物油 1/4 カップ
- 炒りごま油 小さじ 2
- 小さじ 1 杯の蒸留白酢
- 1 ポンドの刺身グレードのキハダマグロの切り身、1/8 インチの立方体にカット
- 縦半分に切った焼き海苔 4 枚
- 1 1/2 カップ (約) 炊いた短粒米を冷ました
- スライスしたネギ、イングリッシュ ハウスまたはペルシャ キュウリ、パクチーの葉、チャイブの花などのフィリングの盛り合わせ

方向

1. チリ、ショウガ、ゴマ、ニンニク、小さじ 1/2 の塩をミニプロセッサーでペースト状になるまでピューレにします。ミディアムボウルに移します。油と酢の両方をかき混ぜます。ドレッシングに塩で味を調えます。マグロを追加します。コートするだけでやさしくトス。
2. 短辺を自分に向けて海苔を作業面に置きます。各シートの下 3 分の 1 に大さじ 2 杯程度の米を均等に広げます。マグロの混合物をロールに分け、ご飯の上にスプーンでかけます．フィリングでトップ。数粒の炊いた米を「接着剤」として使用して、円錐形または丸太の形に丸めます。

33.スキンロール

材料

お寿司とご飯

- 1 1/2 カップの短粒寿司飯
- 1 1/2 カップの水
- 米酢 大さじ 1
- 砂糖 小さじ 1 1/2
- ごま油 小さじ 1/4
- ごま 大さじ 1

鮭皮巻き

- サーモンの皮 1/2 ポンド
- 小さじ 1/2 の塩
- たまり（または醤油） 大さじ 1
- ブラウンシュガー 大さじ 1
- みりん 大さじ 2
- 千切りにしたミニきゅうり 2 本
- スライスしたアボカド 1 個
- クレソン 1 束
- 海苔 4~6 枚
- わさび醤油

方向

お寿司とご飯

1. 大きめのボウルにご飯を入れ、冷たい流水で2～3回洗い、でんぷんを取り除きます。炊飯器（または弱火の鍋）に米と水を入れ、水分がなくなり米がやわらかくなるまで（コンロで約10～12分）炊く。
2. ご飯をすくって大きなボウルに入れます。小さめの器に酢、砂糖、ごま油を混ぜ合わせ、ご飯の上にかけ、ごまを散らします。（米粒がつぶれないように）よくかき混ぜて、下味をつけます。

鮭皮巻き

1. 鮭の皮: 鮭の皮をすすぎ、完全に乾かします。羊皮紙を敷いた天板に並べ、塩少々をふり、強火で4～7分、こんがりと焼き色がつくまで焼きます。ワイヤーラックで完全に冷ましてから、細切りにします。
2. うなぎのたれ: 小鍋にたまり、黒糖、みりんを入れて混ぜ合わせます。砂糖が溶けてソースが半減し、とろみがつくまで弱火にかけます。
3. 巻物: 寿司を組み立てます。海苔をのせてご飯の上に薄く広げます。サーモンの皮、きゅうり、アボカド、クレソンを端に沿って並べます。しっかりと巻いてから、一口

大に切る。うなぎソースをかけて仕上げます。

4. または、ご飯の上に置き、ゴマをまぶしてから裏返しにして、海苔側に材料を加えて巻き上げる前に、クリングフィルムの上にひっくり返すことで、裏返しのロールを作ることができます.

34.雪

材料

- 調理済みのズワイガニの足 2 本
- 清澄バター 小さじ 1~2
- （自家製）ジンジャーサルサ
- ½ アボカド
- 120 グラム (4 オンス) 炊いた白い寿司飯
- 海苔 ½ 枚

調味料

- 海塩
- 挽いた黒胡椒

トッピング

- スパイシーマヨネーズ
- まさご

方向

1. ずわいがにの足を指で合わせ、そっと二つに折ります。硬い腱を切断または切り取るためにハサミを使用する必要がある場合がありますが、非常に簡単に壊れるはずです.
2. 外骨格を切り離します。カニ肉を傷つけるリスクを最小限に抑えるために、爪切りはさみを使用してください。脚の下側に沿って切り、はさみが肉ではなく外骨格を通過

するようにします。2本目のカニ足も同様に。

3. まな板の上に両方のカニ肉を置きます。各脚に海塩で軽く味付けします。脚を回して、しっかりと均一にカバーします。塩の後、黒コショウで同じことをします。

4. フライパンを予熱し、小さじ1~2杯の清澄バターを加えます。バターが溶けたら、カニ肉をトングを使って鍋に入れます。少し黄金色になるまで、両面を数分間軽く揚げます。トングを使って鍋からカニを取り出し、冷ます。

5. （自家製）ジンジャーサルサ大さじ4杯をふるいにかけます。

6. アボカドを半分に切り、種と実の間にスプーンを入れて種を取り除きます。皮をむき、半分に切ったアボカド1個をまな板の上に置きます。1~2mmの厚さにスライスします。きれいにカットするには、スライスするときにブレードの先端のみを使用してください。

7. スライスが乾燥するのを防ぐために、スライスの上にレモン汁を少し振りかけます。ガラスの器にとっておく

8. まな板の上に海苔半分を縦に置きます。湿らせた手で、120グラムの白い寿司飯をシートに移します。指を使って米をやさしくほぐし、四隅に均等に広げます。

9. 竹製ローリングマットをジップロックバッグに入れ、まな板の上に置きます。ご飯の面を下にして、海苔をマットの上にすばやく裏返します。海苔にジンジャーサルサをスプーンでのせます。ジンジャーサルサの上に2本のカニ足を置きます。
10. 親指を使って、竹マットの一番手前の面をすばやく持ち上げます。海苔の上で巻きます。指で上部を押して、しっかりと固定します。巻き寿司をマットから取り出し、まな板の片側に垂直に置きます。
11. ナイフの平らな面で、カット済みのアボカドのスライスをまな板に移します。巻き寿司に移しやすいように、台紙と平行に並べます。巻き寿司と同じ長さになるまで、指を使ってアボカドのスライスをそっと広げます。それらをナイフの刃で持ち上げ、斜めに持ち、指を使ってそっとロールに押し込みます。
12. ローリングマットとほぼ同じサイズの粘着フィルムを小さな長方形に切ります。巻き寿司の上に粘着フィルムを置き、ローリングマットで覆います。前と同じように、指を使ってアボカドをロールに押し付けます。マットを外すと、アボカドがロール状になっているはずです。そうでない場合は、この手順を繰り返しますが、さらに圧力をかけてアボカドをロールに押し付けます。

13. ローリングマットを取り外しますが、粘着フィルムはそのままにしておきます。包丁の刃を少し濡らし、巻き寿司の両端を切り落とします。これらのピースを食べるか捨てます。
14. このロールで6個が得られます。最初にロールを半分に切り、次にそれぞれの半分を3分の1に切ります。粘着フィルムを取り除く前に、ローリングマットを使用してもう一度スライスを固めます。
15. サービングプレートに45度の角度でスライスを並べます。各スライスに少量のスパイシーなマヨネーズを絞るかスプーンでかけます。真砂子をトッピングして彩りを添えます。

35.サーフ＆ターフロール

材料

- 海苔 ½ 枚
- 4オンス。すし飯
- 6オンス。サーモン、32オンス。個
- 1 アスパラガス、湯通し
- ⅙ くし形にスライスしたアボカド
- 1 1/2 オンス。豚バラ肉をさいの目に切ってカリカリになるまで揚げる
- チミチュリアイオリ 大さじ 1/2（チミチュリソース 大さじ 3/4、マヨネーズ 大さじ 3/4）
- シラチャーアイオリ 大さじ 1（シラチャー大さじ ½、マヨネーズ大さじ ½）
- わさび
- 生姜、酢漬け

方向

1. まな板の上に海苔のつやのある面を下にして、海苔が隠れるようにすし飯をまんべんなく広げます。
2. ご飯のりをひっくり返し、寿司マットの上に置きます。
3. 海苔の真ん中に縦にサーモン、アボカド3枚、アスパラガスをのせます。
4. 型紙で丸めて形を整え、8等分に切る。

5. クリスピーな豚バラ肉を皿に盛り付け、シラチャーとチミチュリ アイオリを添えて
6. 生姜、わさび、お箸でお召し上がりください。

36. 天ぷら巻き

4人前

材料

寿司飯に：

- 生寿司飯 2 カップ
- 水 2 カップ
- 米酢 大さじ 2
- 砂糖 大さじ 2
- 小さじ 1 1/2 の塩

巻き寿司の場合：

- 海苔 4 枚
- 天ぷら海老 8 尾
- きゅうり 8 本
- アボカド 8 切れ
- 黒ごまたは白ごま 大さじ 3

方向

1. 米をザルに入れ、水が透明になるまで洗います。
2. 米と水 2 カップを中鍋に入れ、強火にかけます。蓋をせずに沸騰させます。沸騰し始めたら弱火にして蓋をします。15 分間調理

します。鍋を火からおろし、ふたをしたまま10分間放置します。

3. 小さめのボウルに米酢、砂糖、塩を入れて混ぜ、電子レンジで20～30秒加熱する。ご飯を大きなボウルに移し、酢の混合物を加えます。しっかりと混ぜ合わせます。ご飯を室温まで冷ます

4. 海苔1枚を平らな面に置き、約1/3～1/2カップの米を海苔の表面に端まで押し付けます。これは、指が少し湿っている場合に最も簡単です。

5. ご飯をのせた海苔にラップをかけて巻き寿司の上で海苔が上になるようにひっくり返す。

6. 海老2本、きゅうり2本、アボカド2切れを海苔の片側に沿って並べます。

7. エビの混合物に最も近いローリングマットの端を持ち上げ、寿司をしっかりと巻きます。

8. 巻き寿司のご飯にゴマ小さじ2程度を押し込みます。

9. 鋭利な包丁を使って寿司をスライスし、すぐにサーブします。

37. テキサスロール

材料

- 18オンス。クリームチーズのブロック
- チポトレ・タバスコソース 大さじ1
- 調理したベーコン 3枚 (クリスピーステージ、みじん切り)
- 青ねぎ 3本 (みじん切り)
- 刻んだブラックオリーブ 大さじ1
- 粗びき黒胡椒 (お好みで)
- 小麦粉のトルティーヤ

方向

1. ボウルにクリームチーズを入れて混ぜ、柔らかくする。
2. 柔らかくなったクリームチーズにチポトレタバスコソースを加え、完全に混ざるまでよく混ぜます。
3. 次に、みじん切りベーコン、みじん切りネギ、みじん切りブラックオリーブを入れて炒めます。
4. 粗挽き黒こしょうを加えて味を調えます。
5. 小麦粉のトルティーヤに大さじ1～3杯の混合物を広げ、しっかりと巻き上げます。
6. 鋭利なナイフを使用して、丸めたトルティーヤを6～8の「風車」スライスにスライスします。端を捨てる（または食べる！）。

7. 寿司を皿または大皿に並べます。ラップで覆い、提供する準備が整うまで冷蔵します。

38.タイガーロール

- マンゴー 大2個
- 適当な大きさのいちご 4個
- 寒天 15グラム
- 水 160ml
- ローカストビーンガム 1グラム
- イカ墨 4グラム
- 炊いた白いすし飯 数粒
- バターナッツスクワッシュ 1/2

巻き寿司の材料:

- 海苔 1/2枚
- 120グラム調理し、味付けした寿司飯
- シラチャーホットソース
- 自家製サーモンのタルタル

方向

1. マンゴースプリッターまたは鋭利なナイフを使用して、マンゴーから石と芯を分離します。次に、デザート スプーンを使用して、マンゴーの両方の半分から果肉をガラスのボウルにかき出します。皮を捨てる。
2. マンゴーをジューサーに加えて処理し、果汁を大きなプラスチックの計量ジャグに集めます。
3. 「頭」を切り落として、4〜5個の大きなイチゴを洗い、準備します。これらもジュー

サーに入れ、同じ計量ジャグに入れます。スプーンで、液体がオレンジ色になるまで軽くかき混ぜて果汁を混ぜ合わせます。

4. 別の水差しに、160ml の冷水と 2.4g の寒天、1g のローカストビーンガムを混ぜ合わせます。ハンドブレンダーでよく混ぜます。(泡立てないでください。ジェルがうまく混ざりません。)

5. 混ぜ合わせたら、240g/ml のマンゴーとストロベリージュースをジャグに加えます。再びフルパワーで数秒間ブレンドします。液体 100 ml を別のプラスチック製の水差しに注ぎ、最初の水差しは取っておきます。

6. 新しいジャグにイカ墨4グラムを加え、よく混ぜます。次に、水差しの中身を深い鍋に注ぎます。スパチュラを使って液体を動かしながら、沸騰させます。これでくっつきにくくなります。コンロの温度を下げて、3分間煮込みます。

7. プラスチック製のトレイの上にシリコン マットまたはラップ フィルム シートを置きます。スプーンを使って、マット全体にイカ墨の短い線を描き始め、表面全体を覆います。ゲルが固まるまで最低30分間冷蔵します。

タイガーアート:

1. 待っている間に、マンゴーといちごの果汁を混ぜて、煮沸を繰り返して冷ましておきます。
2. イカ墨の筋が固まったら、トレイを冷蔵庫から取り出します。この段階ではマットを持ち上げないでください。鍋の中身をすべてマットの上に注ぎ、混合物ができるだけ広がるようにします。必要に応じて、トレイを持ち上げて傾けて、液体がマット全体を薄く均一に覆うようにします。
3. さらに60分間冷蔵します。

マンゴータイガーアートの仕上げ

1. 鋭利なナイフを使用して、バターナッツ スカッシュの端を切り落とします。半分に切り、種の端を捨てる。
2. 皮をむかずに、沸騰したお湯の入った大きな鍋にバターナッツ スカッシュを入れます。蓋をしたまま、約5分間、または肉が柔らかくなるまで調理します。
3. かぼちゃを鍋から取り出します。冷めたら、ナイフまたは野菜ピーラーを使用して、カボチャの皮の皮をむき始めます。かぼちゃは縦半分に切り、半分は捨てる。
4. バターナッツスカッシュの残りの部分をまな板の上に平らな面を下にして置きます.

厚さ約 2.5 cm (1 インチ) のセクションを切り取り、破棄します。

5. スカッシュを一方の端に向けて、湾曲した端を手前に向けます。右側の端から約 1.5 ～ 2 cm のところに、果物ナイフで 45 度の「スリット」を入れます。これは、最初にまっすぐ下向きに切開し、次に 45 度の角度で切開することによって最も簡単に行うことができます。左側も同様に、ナイフの先でかぼちゃをそっとほぐします。

6. ブレードを平らにして、耳の間からスカッシュのストリップを取り除き、奥行きの錯覚を作ります。各耳の外縁について繰り返します。

7. ナイフを右手、頭の形の外縁に戻します。圧力をかけて、顔を形成する丸みを帯びた部分を彫り始めます。底から約 1cm で止めます。ナイフを外縁のこの点に合わせ、水平に切り込みを入れて足の輪郭を形成します。左側で繰り返します。

8. 虎の頭を改良するには、まず「顔」が目の前になるように配置します。頭の前から約 1.5 cm の位置で、包丁を手前に持ってきて 45 度の角度で切り込みを入れます。ナイフは、足の輪郭が始まるところで大まかに停止する必要があります。少し余分な肉を削り取り、耳をさらに定義します。これもナイフを 45 度の角度で使用します。

9. 次に、足の周りにさらに定義を作成します。これを行うには、顎の両側 (顎と足の間) で 45 度の三角形を切り取るだけです。これにより、あごのラインがより自然に細くなります。まな板から顎を「分離」するために、顎の底を垂直に切ります。
10. 口を彫るには、ナイフの先端を左足の上部に合わせ、虎の顔を水平になぞります。次に、ナイフを下にして反対側に持ってきて、逆さまの弧を描きます。ナイフの先を使って、形の中から肉をそっと引き離します。
11. 虎の形を片手に持ち、ナイフの先端を両側の口の屋根に突き刺して、歯の溝を作ります。最後に、目のために 2 つの同じサイズのくぼみを作成します。それぞれの深さは米粒が入るくらい。
12. 最後に、かぼちゃの残りの部分から 2 つの同様の足のプロファイルを切り取り、後ろ足を形成します。

巻き寿司を作る

1. 冷蔵庫からマンゴージェルシートを取り出し、トレイに戻します。清潔で鋭利なナイフを使用して、海苔の半分のシートとほぼ同じサイズのシートから長方形の部分を切り分けます。ナイフの先でセクションを持ち上げ、指で両方の角をつかみます。マットから「皮」をゆっくりと剥がします。巻

き寿司を作る間、平らな皿に取っておきます。

2. まな板に海苔半分を置きます。湿らせた指で、120グラムの白い寿司飯をシートに移します。海苔全体を覆うように、指でご飯をほぐします。

3. ご飯の面が下になるように、海苔をひっくり返して竹のローリングマットに置きます。海苔の中央の長さに沿ってシラチャーソースの2つの寛大なストリップを絞ります。次に、スプーンでサーモンのタルタルをのせ、シラチャー ソースのストリップを覆います。

4. 指をタルタル ストリップに沿って置き、親指で竹製のローリング マットを持ち上げます。マットを丸め、寿司ロールを転がし始め、内容物を所定の位置に保つために継続的な圧力を加えます。丸めたら、さらに圧力を加えてロールを密封します。

5. 巻き寿司をラップで包みます。竹製ローリングマットをもう一度使用して、中身を「固める」。次に、湿らせたナイフで、ロールの乱雑な端を切断します。残りを8等分に切る。粘着フィルムを一時的に取り除く前に、ローリングマットを使用してもう一度固めます。

6. オレンジ色のジェルシートを巻き寿司の上にできるだけまっすぐに置きます。ロールをもう一度粘着フィルムで覆い、竹のロー

リングマットを使用して「スキン」をロールに押し付けます。粘着フィルムを取り外して廃棄します。

7. 巻き寿司の切り身を長方形の寿司皿に移し、それらを並べて本体を形成します。巻き寿司の前に頭を置き、後ろの両側に足を置きます。醤油の小さなラメキンを添えてお召し上がりください。

39. うなぎ巻き

材料

- うなぎ・エル 3 切れ
- きゅうり、棒状に切る
- カニかま 1 本 縦半分に切る
- 海苔・海苔 1 枚
- スライスアボカド
- お寿司とご飯
- 米酢
- ゴマ種子
- まさご・魚卵
- うなぎソース

方向

1. すし飯に米酢を混ぜる
2. 巻き寿司の上に海苔を乗せる
3. 寿司飯を海苔にのせる
4. ゴマとまさごをちらし、すし飯の上にまんべんなくのせる
5. 海苔を裏返し、きゅうり、アボカド、カニ、うなぎをのせる
6. 海苔の端近くまで巻く
7. 8 等分にカットします
8. うなぎソースで食べる

40. ぶり巻き

材料

- 炊いたすし飯 1½ カップ
- 3.3 オンス。刺身用ブリ
- 海苔 1枚
- ネギ/ねぎ 大さじ 3
- 醤油
- わさび
- 紅生姜の酢漬け（紅しょうがまたはきざみ紅しょうが）
- 手酢（手酢水）：
- 米酢 小さじ 2
- ¼ カップの水

方向

1. ブリを 1/4 インチの立方体に切り、細かく刻みます。
2. プラスチックで覆われた竹マットの上に、光沢のある面を下にして海苔を置きます。手づかみで指を濡らし、3/4 カップのご飯を海苔にまんべんなく広げます。
3. 海苔の下端に切ったぶりの半分をのせます。

4. 竹ひごの下端に海苔の端を合わせます。指で詰め物を所定の位置に保ちながら、竹マットの下端をつかみ、タイトなシリンダーに丸めます．竹マットの端を持ち上げ、マットに軽く圧力をかけながら前方に転がし続けます。

5. 非常に鋭いナイフでロールを半分に切り、それぞれの半分を 3 〜 4 片に切ります。数切れごとに湿らせた布でナイフをきれいにしてください。生姜の酢漬け、わさび、醤油でお召し上がりください。

ビーガン寿司

41. ビーガンダイナマイトロール

収量: 4 ロール

材料

寿司飯に

- 寿司飯 1 カップ
- 1 カップの水
- 米酢小さじ 1
- 砂糖小さじ 1
- 小さじ 1/2 の塩

キングオイスターマッシュルームのために

- 2 カップ さいの目に切ったエリンギ 2 カップをぬるま湯に約 20 分間浸す
- 1 TB の Ener-G で泡立てた 1/2 カップの水
- コーンスターチ 1 カップ、必要に応じてさらに
- キャノーラ油、植物油またはグレープシード油をたっぷり

ダイナマイトソースに

- ビーガンマヨネーズ 1/2 カップ
- 1 TB シラチャ、お好みで

組み立てるため

- 焼き海苔 4 枚

- 黒ごま **4TB**（お好みで）
- スライスしたアボカド **1個**
- ネギのみじん切り、飾り用

手順

1. すし飯を作るには、米と水を炊飯器に入れ、メーカーの指示に従って調理します。出来上がったら、米酢、砂糖、塩で味を調え、冷ましておく。
2. きのこを作るには、数インチの油を小さくて重いダッチオーブンまたは鋳鉄製の鍋に入れ、中火から強火にかけます。オイルの準備が整うまでに **5〜7** 分かかります。待っている間に、みじん切りにしたキノコの **4分の1** を Ener-G 混合物に入れ、トスしてコーティングします。
3. 余分な水分を振り落とし、コーンスターチに入れ、手で軽く混ぜます．
4. コーンスターチをひとつまみ入れて、油の準備ができているかどうかをテストします。すぐにジュージューと音が出たら、揚げる準備ができています。きのこから余分なコーンスターチを振り落とし、スキマーを使用してそっと油に落とし、きつね色になるまで **3** 分以内で揚げます．揚げたキノコをペーパータオルに移して水気を切り、残りのキノコでこのプロセスをバッチで繰り返します。

5. ロールを組み立てるには、冷やしたご飯を4つの部分に分けます。巻き寿司を大きなジップロックの袋に入れるか、ラップで覆います。海苔のつやのある面を下にしてマットの上に1枚置きます。指にご飯がくっつかないように水で濡らし、海苔の上にご飯を均等に広げます。お好みでごまを大さじ1ふりかける。

6. 揚げたキノコを4つの部分に分けます。均等にコーティングされるまで、ダイナマイトソースを一部にかけます。露出した端をあなたから離して、あなたに最も近い側に沿ってキノコのいくつかの細い線を形成し、アボカドのスライスをいくつか追加します．マットをしっかりと、しかしやさしく握りながら、寿司を手前に転がします。

7. 丸めたら、端を水で密封するか、端に数粒の米を加えて密封します．次に、非常に鋭いナイフで寿司を半分に切ります（きれいに切るために、刃を熱湯の下で動かします）。サービングプレートに置き、残りのマッシュルームをスプーンで上にかけます．

8. この工程を繰り返して、4つのロールを作ります。必要に応じて、ネギのみじん切りと追加のシラチャーを添えて仕上げます。

42. アボカドきゅうりの巻き寿司

サーブ: 4

材料

お寿司とご飯

- よくすすいだ短粒玄米 1 カップ
- 水 2 カップ
- 米酢 大さじ 2
- 砂糖 大さじ 1
- 小さじ 1 杯の海塩

ロールの場合:

- きゅうり 1 本
- 完熟マンゴー 1 個、縦に細切りにする
- スライスしたアボカド 1 個
- ⅓ カップのマイクログリーン、オプション
- ごま 大さじ 2、お好みで
- 海苔 4 枚

添える

- たまり or ポン酢

方向

1. 寿司飯を作る：中鍋に米、水、オリーブオイルを入れて沸騰させます。ふたをして火を弱め、**45**分間煮ます。米を火からおろし、ふたをしてさらに**10**分間放置します。フォークでほぐし、米酢、砂糖、塩を混ぜ合わせる。使用するまでカバーします。

2. 巻き寿司を組み立てる：手がべたつくので、水を入れた小さなボウルとキッチン タオルを作業エリアの近くに置きます。**1**枚の海苔の光沢のある面を下にして竹のマットの上に置き、一握りのご飯を海苔の下**3**分の**2**に押し付けます．ご飯の底にトッピングを置きます（写真参照）。入れすぎないでください。転がりにくくなります。竹筆筒を使って海苔を巻き込みます。丸めたら、竹マットで軽く押して形を整えます。ロールを横に置き、カット面を下にします。残りのロールで繰り返します。

3. 鋭い包丁を使って寿司を切ります。カットの間に湿ったタオルでナイフをきれいに拭きます。

4. たまりまたはポン酢とココナッツピーナッツソースを使用する場合は、すぐにお召し上がりください．

5.

43. しいたけロール

材料

- 寿司飯 1カップ
- 水 2カップ
- 米酢 1TB
- 砂糖 1TB
- 1/2 TB 塩
- 5～7個の干し椎茸を熱湯に30分から1時間浸す
- 小さじ1と1/2のEner-Gを5 TBの水で泡立てます
- コーンスターチ 1カップ（揚げる数時間前に冷凍庫に保管）
- 植物油
- 海苔 2枚
- 1～2 TBのシラチャと1～2 TBのベジネーズを混ぜたもの
- つぶした唐辛子、生姜の酢の物、醤油を添えて

方向

1. お米をたっぷりの冷水に30分ほど浸します。真水でよくすすぎ、2カップの水と一緒に炊飯器に入れます。
2. ご飯が炊きあがったら、大きなガラスのボウルに米酢、砂糖、塩を入れ、電子レンジで10～15秒加熱します。炊きあがったご

飯をガラスのボウルに移し、よくかき混ぜます。脇に置きます。

3. 小さな鍋で、中強火で数インチの油を加熱します。きのこは水気を切ってヘタを取り、細切りにする。油の準備ができたら（ひとつまみのコーンスターチを油に落としてテストします。すぐに泡立つ場合は、揚げる準備ができています）、キノコのスライスのいくつかを Ener-G 混合物に浸し、次にいくつかの油でコーティングしますコーンスターチ。1～2 分揚げて、数枚のペーパータオルの上に置いて水気を切る。

4. 寿司マットの上に海苔を（光沢のある面を下にして）置きます。しゃもじを使って、ご飯を均一に広げます。ご飯が指にくっつかないように、近くに水が入った小さなボウルを使って、指を使ってご飯を均等に広げます。

5. きのこの半分を海苔の一番短い方の端にのせます。好みの量のシラチャとベジネーズの混合物を霧雨にかけ、ゆっくりと慎重に巻き上げ、できるだけきつく保ちます。非常に鋭いナイフを使用して、ロールを半分に切り、8 ロールになるまで繰り返します。

6. 生姜の酢漬けと醤油でいただきます。

44.鮪のピリ辛鮨

材料

「まぐろ」ベースの場合

- 1/2c。ヒマワリの種、1〜2時間浸し、水を切り、すすいでください

ソース用

- 1/2c。カシューナッツ、1〜2時間浸し、水気を切り、すすいでください
- 1/4c。レモン汁
- 海苔 1/2 枚
- ディジョンマスタード 大さじ1
- シラチャーソース 大さじ1
- 種を取り除いたハラペーニョ 1/2 個
- オニオンパウダー 小さじ 1/2
- 小さじ 1/4 の海塩
- 1/4c。水

方向

1. フードプロセッサーで、ヒマワリの種をパルスで数回粉砕し、均一にみじん切りにします。脇に置きます。
2. 高速ブレンダーに、水以外のソースのすべてを入れます。ブレンド。ソースが完全に滑らかになるまでゆっくりと水を加えます。風味を味わう。よりスパイシーにしたい場合は、シラチャーを追加してください。塩が必要な場合は、塩などを加えてください。

3. ひまわりの種のミックスにソースが完全に混ざるまで混ぜます。

45. にんじんロックスとアボカドの寿司

材料

寿司飯に

- 寿司飯 1 カップ
- 1 カップの水
- 米酢小さじ 1
- 砂糖小さじ 1
- 小さじ 1/2 の塩

充填用

- 準備されたニンジンロックス 1 カップ
- ビーガンマヨネーズ 1TB
- 1 TB から小さじ 1 杯のシラチャ
- ½ アボカド、スライス
- 焼き海苔 4 枚

方向

1. すし飯を作るには、米と水を炊飯器に入れ、メーカーの指示に従って調理します。出来上がったら、米酢、砂糖、塩で味を調え、冷ましておく。
2. フィリングを作るには、準備したビーガンロックスをビーガン マヨネーズとシラチャと組み合わせます。
3. ロールを組み立てるには、冷やしたご飯を 4 つの部分に分けます。巻き寿司を大きなジップロックの袋に入れるか、ラップで覆

います。海苔のつやのある面を下にしてマットの上に 1 枚置きます。指にご飯がくっつかないように水で濡らし、海苔の上にご飯を均等に広げます。

4. ロックスを 4 つの部分に分けます。露出した端をあなたから遠ざけて、あなたに最も近い側に沿ってロックスの細い線を形成し、アボカドのスライスをいくつか追加します. マットをしっかりと、しかしやさしく握りながら、寿司を手前に転がします。丸めたら、端を水で密封するか、端に数粒の米を加えて密封します. 次に、非常に鋭いナイフで寿司を半分に切ります（きれいに切るために、刃を熱湯の下で動かします）。

5. サービングプレートに置き、プロセスを繰り返して 4 つのロールを作ります. お好みで醤油、わさび、生姜を添えてお召し上がりください。

6.

46. 玄米ベジロール

材料

4人前

- ブラウンバスマティライス 1 1/2 カップ
- 米酢 大さじ 1
- 海苔 4 枚
- キュウリの短冊切り 1 本
- ごま 大さじ 1 と 1/2
- 水 3 1/2 カップ
- 蜂蜜 大さじ 1
- 3/4 グラムのアボカド
- レタスの葉 8g
- にんじん 1 カップ

方向

1. このおいしいレシピの準備を始めるには、米をよくすすぎ、弱火で 30 〜 45 分、または水がなくなるまで沸騰させます。炊き上がったご飯は 10 分休ませる。
2. その間、米酢とハチミツを中型のミキシングボウルでかき混ぜます. 炊いたご飯（手順 1）をこの混合物に移し、米粒がよくコーティングされるまで泡だて器でたっぷりと混ぜます.

3. ロールや寿司を準備するには、海苔を取り、その上にご飯を均等に広げます。レタス2枚、アボカド、ニンジン、キュウリをご飯にのせます。炒りごまをふりかける。非常に慎重に、シートをロール状に丸め、すべての成分が適切に押し込まれていることを確認します。最後まで巻き続けます。他のロールを準備するプロセスを繰り返します。
4. 次に、ナイフを使用して、このように形成されたロールを目的のサイズに切り、お気に入りのソースとピクルスを添えます。

47. ビーガンホタテロール

材料

- 冷水に 30 分間浸した 3/4 カップの寿司飯
- 1 1/2 カップの水
- 米酢 1TB
- 砂糖 1TB
- 1/2 TB 塩
- 揚げ油 たっぷり
- エリンギの茎 4 本（中サイズ）をぬるま湯に 1 時間ほど浸す
- Ener-G 小さじ 1 1/2 を 5 TB の冷水で泡立てます
- コーンスターチ 1/2 カップ
- パン粉パン粉 1/4 カップ
- 焼き海苔 4 枚
- ゴマ
- 小さじ 1〜1TB のシラチャと 4 TB のベジネーズを混ぜて、お好みで
- 醤油

- ビーガンキャビア

- エンドウ豆の新芽またはもやし

方向

1. 米を30分間浸した後、新鮮な冷水でよくすすぎ、1 1/2カップの水と一緒に炊飯器に入れます．ご飯が炊きあがったら、大きなガラスのボウルに米酢、砂糖、塩を入れ、電子レンジで10〜15秒加熱します。炊きあがったご飯をガラスのボウルに移し、よくかき混ぜます。脇に置きます。

2. 小鍋に油を中火〜強火で熱します。7分経ったら、コーンスターチをひとつまみ入れます。すぐにジュージューと音が出たら、揚げる準備ができています。

3. きのこの茎をEner-G/水の混合物に入れ、パン粉/コーンスターチの混合物でよくコーティングされるまで転がします．余分な部分をタップします。1枚ずつ約2分ずつ揚げ、ペーパータオルの上に置いて水気を切り、冷ます。

4. 寿司を巻いて、きのこの横にシラチャ ベジネーズ ドレッシングを一直線にのせます。醤油を添えて、必要に応じてビーガンキャビアとエンドウ豆の芽またはもやしを添えます。

48. えのきのクリスピーロール

収量: 4 ロール

材料

寿司飯に

- 寿司飯 1 カップ
- 1 カップの水
- 米酢小さじ 1
- 砂糖小さじ 1
- 小さじ 1/2 の塩

えのき用

- 7 オンスのエノキの束、8 つの部分に分けます（ベースはそのままにしておきます）
- 1 カップの水
- 2 TB エナジー
- コーンスターチ 1 カップ、必要に応じてさらに
- キャノーラ油、植物油またはグレープシード油をたっぷり

組み立てるため

- 焼き海苔 4枚
- 白ごま 4TB（お好みで）
- 4 TB ビーガンマヨネーズ
- 4 TB シラチャ
- 大葉 8枚
- 黒ごま 1 TB

方向

1. すし飯を作るには、米と水を炊飯器に入れ、メーカーの指示に従って調理します。出来上がったら、米酢、砂糖、塩で味を調え、冷ましておく。

2. きのこを作るには、数インチの油を小さくて重いダッチオーブンまたは鋳鉄製の鍋に入れ、中火から強火にかけます。

3. あなたが待っている間、水とEner-Gを一緒に泡だて器で混ぜ合わせてから、2つのえのきの部分を混合物に入れ、トスしてコーティングします。余分な水分を振り落とし、コーンスターチに入れ、手で軽く混ぜます。

4. コーンスターチをひとつまみ入れて、油の準備ができているかどうかをテストします。

すぐにジュージューと音が出たら、揚げる準備ができています。きのこから余分なコーンスターチを振り落とし (上の図 1 を参照)、スキマーを使用してそっと油に落とし、時々油で返しながら約 3 分間揚げます。

5. 揚げたキノコをペーパータオルに移し、すぐに少量の塩をふりかけ、残りのキノコでこのプロセスをバッチで繰り返しながら水気を切ります.

6. ロールを組み立てるには、冷やしたご飯を 4 つの部分に分けます。巻き寿司を大きなジップロックの袋に入れるか、ラップで覆います。海苔のつやのある面を下にしてマットの上に 1 枚置きます。指にご飯がくっつかないように水で濡らし、海苔の上にご飯を均等に広げます。お好みでごまを大さじ 1 ふりかける。

7. シラチャーとマヨネーズを混ぜ合わせます。手前の端のご飯に大さじ 1 杯のソースを一列に並べます。（上の図 2 を参照してください。）ロールの両端に大葉を置きます。

8. きのこの先端の固い根元を切り落とし、エノキを 2 枚、ししょの葉の上に重ねます。(上の図 3 を参照してください。) マット

をしっかりと、しかしやさしく握りながら、寿司を手前に転がします。

9. 丸めたら、端を水で密封するか、端に数粒の米を加えて密封します．次に、非常に鋭いナイフで寿司を半分に切ります（きれいに切るために、刃を熱湯の下で動かします）。

10. この工程を繰り返して、**4**つのロールを作ります。お皿に盛り、お好みでシラチャマヨと黒ごまを少しふりかけます。

寿司丼

49.金と銀の寿司鉢

材料

- 1½ カップ (300 g) 準備された伝統的な寿司飯または電子レンジで簡単に調理できる寿司飯
- 天ぷらソフトシェルクラブまたはココナッツソフトシェルクラブ 2尾
- 4オンス。(125 g) 新鮮なティラピアまたは他の白身魚のフィレ、薄切り
- 10cmのマッチ棒に切った英国キュウリまたは日本のキュウリ 1/2本
- ししゃもの卵（真砂）またはトビコ（トビコ） 大さじ山盛り2
- ねぎみじん切り 小さじ2（青ネギのみ）
- 大根の芽（カイワレ）またはブロッコリーの芽、飾り用

方向

1. 寿司飯と天ぷらまたはココナッツ ソフトシェル クラブを準備します。
2. 小鉢を2つ用意。指先を濡らしてから、各ボウルに 3/4 カップ (150 g) のすし飯を加えます。茶碗ごとご飯の表面をやさしく平らにならします。準備したソフトシェルクラブを各ボウルに 1 つずつ置きます。新鮮なティラピアのストリップとキュウリのマッチ棒をボウルに分けます。カモシカまたはトビウオの卵を各ボウルに大さじ山盛

り 1 杯ずつ盛り付けます。各ボウルにネギのみじん切り小さじ 1 杯を追加します。
3. ポン酢でお寿司をいただきます。

50. オレンジ色の寿司カップ

材料

- 1 カップ (200 g) 準備された伝統的なすし飯
- 種なしネーブルオレンジ 2 個
- 梅干し 小さじ 2
- 炒りごま 小さじ 2
- 大葉 4 枚またはバジルの葉
- ねぎみじん切り 小さじ 4（青ネギのみ）
- 模造カニカマ 4 本、レッグスタイル
- 10 x 18 cm (4 x 7 インチ) の海苔 1 枚

方向

1. すし飯を用意します。
2. オレンジを横半分に切る。それぞれがまな板の上に平らになるように、各半分の底から小さなスライスを取り除きます。スプーンを使ってそれぞれの半分から中身を取り除きます。ポン酢などの別の用途のために、ジュース、パルプ、セグメントを予約します。
3. 指先を水に浸し、準備したすし飯を大さじ 2 杯ほどオレンジ色のボウルに入れます。（または、水に浸した木製またはプラスチックのスプーンを使用して、ボウルにご飯を追加します。各ボウルにさらに大さじ 2

杯のご飯を追加します。炒りごま小さじ1/2 をご飯の上にふりかけます。

4. 器の隅に紫蘇の葉を 1 枚はさみます。大葉の前に青ネギ小さじ 1 ずつ盛り付ける。模造カニカマを手に取り、手のひらでこすって細断するか、ナイフを使用して細断します。それぞれの器の上にカニ 1 本分を盛ります。

5. サービングするには、海苔をナイフでマッチ棒の千切りにします。各ボウルに海苔の細切りをのせます。お好みで醤油を添えてお召し上がりください。

51. ごままぐろ寿司丼

材料

- 3/4 カップ (150 g) の伝統的な寿司飯または手早く簡単に電子レンジで調理できる寿司飯
- スパイラルカット大根 握り
- 6 オンス。(200 g) マグロのたたき、1/4 インチ (6 mm) のスライスに切る
- 飾り用ライム $\frac{1}{2}$ 個

方向

1. すし飯とまぐろのたたきを用意します。
2. 寿司飯を小さなサービングボウルに入れる前に、指先を濡らします。お米の表面を軽く平らにならします。
3. 器の裏に大根の千切りを盛り付ける。器の上にまぐろの切り身を並べ、大根に突き立てます。(スパイシー ツナ ミックスを使用する場合は、ボウルの中央に混合物を盛り付けるだけです。) ライムを薄くスライスし、スライスを使用して空のスペースを埋めます。
4. ポン酢でいただきます。
5. 出来上がったすし飯を器にそっと押し込みます。お米を詰めないでください。

6. 大根の山を器の左上に置きます。必要に応じて、大根の上に付け合わせ用のハーブの小枝を立てます。
7. マグロのたたきを2列に並べます。1つはボウルの底を横切り、もう1つは中央を下ります。空のスポットをライムのくさびまたは他のガーニッシュで埋めます.

52. 炒め寿司丼

材料

- 1½ カップ (300 g) 従来のすし飯または電子レンジで簡単に調理できるすし飯または玄米すし飯
- バターレタス 4枚
- 粗く刻んだローストピーナッツ 100g（1/2 カップ）
- ねぎみじん切り 小さじ4（青ネギのみ）
- しいたけ 大4個 ふき取り、ヘタを取り、薄切りにする
- ピリ辛豆腐ミックス
- にんじん ½本

方向

1. すし飯とピリ辛豆腐の素を用意します。
2. サービングトレイにバターレタスの葉を並べます。準備した寿司飯、ローストピーナッツ、ネギのみじん切り、しいたけのスライスを中くらいのボウルに入れてかき混ぜます。
3. 混ぜご飯をレタスの「ボウル」に分けます。レタスボウルにご飯をそっと詰めます。
4. レタスボウルの間にスパイシー豆腐ミックスを分けます．それぞれににんじんの渦巻きまたは細切りをのせます。必要に応じて、

炒めたボウルに加糖醤油シロップを添えます。

5.

53.卵とチーズと緑豆の寿司丼

材料

- 1½ カップ (300 g) 準備された伝統的な寿司飯または電子レンジで簡単に調理できる寿司飯
- さやいんげん 10 個、湯通しして 1.25 cm (1.25 cm) の長さに切る
- 千切りにした卵焼き 1 枚
- 砕いた山羊のチーズ 大さじ 4
- ねぎみじん切り 小さじ 2（青ネギのみ）

方向

1. すし飯と玉子焼きを用意します。
2. 小鉢を 2 つ集めます。指先を濡らしてから、各ボウルに 3/4 カップ (150 g) のすし飯を加えます。茶碗ごとご飯の表面をやさしく平らにならします。インゲン、オムレツの卵の細切り、山羊のチーズを 2 つのボウルに魅力的なパターンで分けます。
3. サービングするには、各ボウルに小さじ 1 杯のねぎを振りかけます．
4.

54. ホタテとアスパラの寿司丼

材料

- 1 カップ (200 g) 準備された伝統的な寿司飯または手早く簡単な電子レンジの寿司飯
- イクラ山盛り 大さじ 1
- 新鮮なホタテ 2 尾をむき、薄切りにする
- プチトマト 4 個（4 等分）
- 卵焼きシート 1 枚
- アスパラガス 4 本、湯通しし、長さ 1/4 インチ (6 mm) に切る
- 飾り用ライム 3 切れ

方向

1. すし飯と玉子焼きを用意します。寿司飯を小さなサービングボウルに入れる前に、指先を濡らします。お米の表面を軽く平らにならします。ボウルの上に魅力的なパターンでトッピングを配置します。
2. 飾り用のトッピングの上にライム スライスを置きます。ポン酢でいただきます

55. スパイシーロブスター丼

材料

- 1½ カップ (300 g) 準備された伝統的な寿司飯または電子レンジで簡単に調理できる寿司飯
- 細かくすりおろした新鮮なショウガの根 小さじ 1
- 8 オンス 1 個。(250 g) ロブスターの尻尾を蒸し、殻を取り除き、メダリオンにスライスする
- 1 キウイ フルーツ、皮をむいて薄いスライスに切る
- ねぎみじん切り 小さじ 2 (青ネギのみ)
- 握り大根 らせん切り
- 新鮮なコリアンダーの小枝 2 本 (コリアンダー ストリップ)
- ドラゴンジュース 大さじ 2 以上

方向

1. すし飯とドラゴンジュースを用意します。
2. 指先を濡らしてから、すし飯を 2 つの小さな器に分けます。茶碗ごとご飯の表面をやさしく平らにならします。スプーンを使って、すりおろした新鮮なショウガの根小さじ ½ を各ボウルのご飯の上に広げます。

3. ロブスターメダリオンとキウイフルーツを半分に分けます。ロブスターのスライスの半分とキウイ フルーツのスライスの半分を 1 つのボウルのご飯の上に交互に置き、小さなスペースを空けます。もう一方のボウルでパターンを繰り返します。各ボウルの前面近くに刻んだネギ小さじ 1 杯を盛り付けます。2 つの器の間の空きスペースを埋めるように、らせん状に切った大根を分けます。
4. サービングするには、各ボウルの大根の前に新鮮なコリアンダーの小枝を 1 本立てます. 各ボウルのロブスターとキウイ フルーツにドラゴン ジュース大さじ 1 杯をのせます。
5.

56. ハムと桃の寿司丼

材料

- 2 カップ (400 g) 伝統的な寿司飯または手早く簡単に電子レンジで調理できる寿司飯
- 大きな桃 1 個、種を取り、12 のくさびに切る
- ½ カップ (125 ml) 寿司飯 ドレッシング
- にんにくチリソース 小さじ ½
- 黒ごま油のしぶき
- 4 オンス。(125 g) 生ハム、細切りにする
- クレソン 1 束 太い茎を取り除く

方向

1. すし飯と追加のすし飯ドレッシングを用意します。
2. 桃のくさびを中くらいのボウルに入れます。すし飯ドレッシング、にんにくチリソース、黒ごま油を加えます。蓋をする前に、桃をマリネによく混ぜます。桃を室温でマリネ液に漬け込み、少なくとも 30 分〜最大 1 時間置きます。
3. 小さなサービングボウルを 4 つ集めます。準備したすし飯 1/2 カップ（100g）を各ボウルに入れる前に、指先を濡らします。お米の表面を軽く平らにならします。トッピ

ングを各ボウルの上部に魅力的なパターンで均等に分割し、1 サービングあたり 3 つのピーチ スライスを許可します。（ボウルにトッピングする前に桃からほとんどの液体を排出できますが、軽くたたいて乾かさないでください．）

4. お好みでフォークと醤油をつけてお召し上がりください。

57.カルビのバーベキュー寿司丼

材料

- 2 カップ (400 g) 従来の寿司飯、手早く簡単に電子レンジで調理できる寿司飯または玄米の寿司飯
- 骨なし豚カルビ 500g
- 粗糖またはきび砂糖 大さじ 2
- 米酢 大さじ 1
- 食用油 大さじ 2
- 醤油 小さじ 2
- にんにくのみじん切り 小さじ ½
- みじん切りの生姜 大さじ 2
- アボカド 1/2 個、皮をむき、種を取り、薄切りにします
- 1/4 英国キュウリ (日本のキュウリ)、種を取り、マッチ棒に切る
- ドライマンゴー 1/4 カップ（60g）を細切りにする

方向

1. すし飯を用意します。
2. ショートリブを砂糖でこする。中くらいのボウルに米酢、食用油、醤油、みじん切りにしたにんにくを入れて混ぜ合わせます。リブをボウルに入れ、数回回転させてコーティングします。それらをカバーし、30 分間マリネします。

3. ブロイラーを 500°F (260°C) に加熱します。ブロイラーパンまたはシートトレイにショートリブを置きます。片面5分ほど焼きます。短いカルビをトレイから取り出し、冷まします。短い肋骨を 1/2 インチ (1.25 cm) の塊に切ります。（カルビに骨がある場合は、骨から肉を取り除きます。）

4. 小さなサービングボウルを4つ集めます。指先を濡らしてから、すし飯1/2カップ（100g）を各ボウルに入れます。お米の表面を軽く平らにならします。みじん切りにした結晶生姜大さじ 1/2 をご飯の上にふりかけます。カルビを4つのボウルに分けます。アボカドのスライス、きゅうりのマッチ棒、マンゴーのスライスの $\frac{1}{4}$ を丼の上に魅力的なパターンで並べます。お好みで加糖醤油を添えてお召し上がりください。

58. ダイナマイト帆立寿司丼

材料

- 2 カップ (400 g) の伝統的な寿司飯または手早く簡単に電子レンジで調理できる寿司飯
- ねぎみじん切り 小さじ 2（青ネギのみ）
- $\frac{1}{4}$ イングリッシュ キュウリ (ジャパニーズ キュウリ)、種を取り、小さな立方体にさいの目に切る
- カニカマの模造品、レッグスタイル、細切り 2 本
- 8 オンス。(250 g) 殻をむき、調理して保温した新鮮なベイホタテ
- 大さじ 4 山盛りスパイシーマヨネーズまたはそれ以上の味
- 炒りごま 小さじ 2

方向

1. すし飯とピリ辛マヨネーズを用意します。
2. マティーニグラスを 4 つ集める。各グラスの底にネギのみじん切り小さじ $\frac{1}{2}$ を入れます。寿司飯とさいの目に切ったキュウリを小さなボウルに入れます。よく混ぜます。指先を濡らしてから、ご飯とキュウリのミックスを各グラスに分けます。お米の表面を軽く平らにならします。

3. 細かく刻んだカニカマをグラスの間に分けます。各グラスに温かい月桂樹のホタテの $\frac{1}{4}$ を追加します。各グラスの内容物の上にスパイシーマヨネーズを大さじ山盛り置きます。クッキングトーチを使用して、スパイシーマヨネーズが泡立つまで約 15 秒間焼きます．サービングする前に、各グラスの上に小さじ 1/2 のトーストしたゴマを振りかけます．

59.ラタトゥイユ寿司丼

材料

- 2 カップ (400 g) 準備済み 伝統的なすし飯 すばやく簡単に電子レンジで調理する すし飯または玄米すし飯
- 大きなトマト 4個
- ネギのみじん切り 大さじ1（青い部分のみ）
- なす 1/2 個、ローストして小さな立方体に切る
- フライドオニオン 大さじ4
- ごまめんドレッシング 大さじ2

方向

1. すし飯とごまめんドレッシングを用意します。
2. 中程度の鍋に水を入れて強火で沸騰させます。トマトを加えて15秒煮る。すぐにトマトを大きなボウルの氷水に浸して冷まします。皮をむきます。
3. すし飯、ネギ、なす、フライドオニオン、胡麻和えを中くらいのボウルに入れ、よく混ぜます。
4. 各トマトの上部を切り取り、真ん中をすくい取ります。（トマトのレリッシュを添えたイワシのロールなど、別の用途のためにトマトの内側を取っておきます。最良の結

果を得るために、壁の厚さは 1/4 インチ (6 mm) 残しておきます。混ぜた寿司飯の混合物を 1/2 カップ (100 g) のスプーンで各トマト ボウルに入れます。スプーンの背でご飯をやさしく平らにし、フォークでトマトの器に盛る。

60. カリカリ揚げ豆腐寿司丼

材料

- 4 カップ (800 g) 準備された伝統的な寿司飯、手早く簡単な電子レンジの寿司飯または玄米の寿司飯
- 1/2 6 オンス (175 g) 木綿豆腐
- 片栗粉またはコーンスターチ（コーンフラワー） 大さじ 2
- 小さじ 1 杯の水と混ぜた大きな卵白 1 個
- パン粉（パン粉） 1/2 カップ（50g）
- 黒ごま油 小さじ 1
- 小さじ 1 杯の食用油
- 小さじ 1/2 の塩
- にんじん 1 本（10cm のマッチ棒状に切る）
- ½ アボカド、薄いスライスに切る
- 茹でたとうもろこし 大さじ 4
- ねぎみじん切り 小さじ 4（青ネギのみ）
- 10 x 18 cm (4 x 7 インチ) の海苔 1 枚を薄い帯状に切る

方向

1. すし飯を用意します。

2. 豆腐は厚さ 6mm の輪切りにする。ペーパータオルまたはきれいなふきんの間にスライスを挟み、その上に重いボウルを置きます. 豆腐は 10 分以上水気を切る。

3. オーブンを 375°F (200°C) に加熱します。水気を切った豆腐に片栗粉をまぶす。スライスを卵白の混合物に入れ、回転させてコーティングします。中くらいのボウルにパン粉、黒ごま油、塩、食用油を入れて混ぜ合わせます。それぞれの豆腐のスライスにパン粉の混合物を軽く押し付けます。羊皮紙で覆われた天板にスライスを置きます。**10** 分間焼き、スライスをひっくり返します。さらに **10** 分間、またはパン粉の衣がカリッときつね色になるまで焼きます。スライスをオーブンから取り出し、少し冷まします。

4. 小さなサービングボウルを **4** つ集めます。指先を濡らしてから、各ボウルに **3/4** カップ **(150 g)** のすし飯を加えます。茶碗ごとご飯の表面をやさしく平らにならします。パン粉豆腐を **4** つのボウルに分けます。（他のトッピングのためにスペースを空けておいてください！）各ボウルにニンジンマッチスティックの $\frac{1}{4}$ を追加します. 各ボウルにアボカドスライスの $\frac{1}{4}$ を入れます。各ボウルの上に大さじ **1** 杯のとうもろこしの粒を盛り付けます。

5. サービングするには、各ボウルに海苔ストリップの $\frac{1}{4}$ を振りかけます。加糖醤油または醤油でお召し上がりください。

61. フレッシュサーモンとアボカドの寿司丼

材料

- 1½ カップ (300 g) 準備された伝統的な寿司飯または電子レンジで簡単に調理できる寿司飯
- 1/4 小さいヒカマ、皮をむいてマッチ棒状に切る
- ハラペーニョ唐辛子 1/2 本、種を取り除き粗みじん切りにする
- ½ ライムのジュース
- すし飯ドレッシング 大さじ 4
- 6 オンス。(200 g) スライスした新鮮なサーモン
- アボカド 1/4 皮をむき、種を取り、薄切りにする
- イクラ山盛り 大さじ 2（お好みで）
- 飾り用の新鮮なコリアンダー（シラントロ）の小枝 2 本

方向

1. すし飯とすし酢の和えを用意します。
2. ヒカマのマッチ棒、みじん切りにしたハラペーニョ、ライム ジュース、すし飯ドレッシングを小さな非金属製のボウルに入れます。フレーバーを少なくとも 10 分間ブレンドします。ヒカマミックスから液体を排出します。

3. 小鉢を 2 つ用意。指先を濡らしてから、各ボウルに 3/4 カップ (150 g) のすし飯を加えます。お米の表面を軽く平らにならします。各ボウルの上に、マリネしたヒカマの半分を盛り付けます。サーモンとアボカドのスライスを 2 つのボウルに分け、それぞれを魅力的なパターンでご飯の上に並べます。イクラを使用する場合は、各ボウルに大さじ山盛り 1 杯を追加します。
4. サービングするには、各ボウルに新鮮なコリアンダーの小枝とポン酢をトッピングします。醤油。

握り・軍艦・にぎり寿司

62. なすの照り寿司

材料

- 1½ カップ (300 g) 準備された伝統的な寿司飯または電子レンジで簡単に調理できる寿司飯
- なす小1個
- 調理用油
- しょうゆ 大さじ1
- 黒ごま油 小さじ½
- 味噌 小さじ½
- 米酢小さじ1
- 炒りごま 小さじ1
- ねぎのみじん切り 小さじ1

方向

1. すし飯を用意します。
2. オーブンを 350°F (175°C) に加熱します。天板に羊皮紙を敷きます。なすを 1.25 cm (1.25 cm) のスライスに切ります。醤油、黒ごま油、みそ、米酢を小さい器に入れて混ぜ合わせます。なすのスライスの両面に混合物を塗ります。羊皮紙で裏打ちされた天板にピースを平らに置きます。7分間焼きます。なすのスライスを完全に冷ます。
3. ラップを竹製のローリングマットの上に置きます。なすのスライスをラップに横に並

べます。指先を濡らし、なすの上にすし飯を広げます。ラップをすし飯に巻きつけます。ご飯が下になるようにラップをひっくり返します。竹巻きマットを使って寿司を長方形に成形します。

4. 非常に鋭いナイフの刃を水に浸します。のこぎりでラップを切り、寿司を8等分に切る。ラップを慎重に取り外します。
5. 提供するには、サービングディッシュにピースを置きます。ゴマとネギを散らします。

63. まぐろのたたきにぎり

材料

- 1 カップ (200 g) 準備された伝統的な寿司飯または手早く簡単な電子レンジの寿司飯
- 6 オンス。(175 g) 新鮮なマグロ、厚さ 1 インチ (2.5 cm) のブロックに切る
- 炒りごま 大さじ 3
- 調理用油
- 10 x 18 cm (4 x 7 インチ) の海苔 1 枚

方向

1. すし飯を用意します。
2. お皿に胡麻を敷き、その上にツナブロックをのせます。まぐろをひっくり返し、まんべんなくまぶす。
3. 大きなフライパンの底に十分な油を熱して、完全にコーティングします。油を熱します。（途中でフライパンから煙が出ることがありますが、多少の煙は大丈夫です。） コーティングしたマグロをフライパンに加え、片面を約 15〜20 秒間焼きます。端っこもしっかりと焼いてください。マグロを取り出し、5 分以上冷ます。
4. 指先を水に浸し、手のひら全体にスプラッシュします。クルミ大のすし飯大さじ 2 杯分を手で握り、きれいな長方形のご飯のベ

ッドを作ります。繰り返してさらに7段の米を作ります。
5. 海苔を横に8等分に切る。ゴマをまぶしたマグロを横にスライスし、厚さ **1/4 インチ (6 mm)** のスライスにします。ご飯の上にまぐろごまを一枚ずつ乗せます。細切りの海苔を使って、ゴマまぐろのスライスをご飯にくっつけます。
6. サーブするには、サービングディッシュにピースを並べます。ポン酢ですぐに召し上がれ

64. ホッキョクイワナの握り

材料

- 1½ カップ (300 g) 準備された伝統的な寿司飯または電子レンジで簡単に調理できる寿司飯
- 6 オンス。(175 g) ホッキョクイワナをブロックし、皮をむく
- お好みで酒 大さじ 1
- レモンのくさび 1/2 個、10 〜 12 枚の紙のように薄いスライスに切る
- 新鮮なディルウィード 1 枝

方向

1. すし飯を用意します。
2. ホッキョクイワナをブロックカットの作り方に従って 10〜12 等分に切る。指先を水で濡らし、手のひら全体にスプレーします。クルミ大のすし飯大さじ 2 杯分を手で握り、きれいな長方形のご飯のベッドを作ります。繰り返して、さらに 9 〜 11 段の米を作ります。
3. 使用する場合は指先を酒に浸し、ホッキョクイワナにブラシをかけます。ホッキョクイワナの各スライスに軽く風味を付けるために、必要に応じて繰り返します。左の手のひらに米のベッドを平らに置き、その上にホッキョクイワナのスライスをドレープします。右手の親指と人差し指でご飯の側面をつかみます。左手の親指でホッキョク

イワナをこすり、形を整えます。残りのホッキョクイワナと米で指示を繰り返します。

4. サーブするには、お皿に寿司を並べます。各ピースの上に紙のように薄いレモンのスライスをのせます。ディルの小枝をちぎって、寿司の各部分を飾ります。お好みで醤油を添えてお召し上がりください。

65. スパムむすび

材料

- 1½ カップ (300 g) 準備された伝統的な寿司飯または電子レンジで簡単に調理できる寿司飯
- 12 オンス 1 個。(340 g) スパム缶
- 4 x 7 インチ (10 x 18 cm) の海苔 1 枚を調理するための油
- 4 大さじ加糖醤油シロップ、またはそれ以上の味
- 炒りごま 小さじ 2

方向

1. 寿司飯と加糖しょうゆを用意します。
2. スパムは縦に 6 等分に切る。大きなフライパンの底に十分な油を熱して、完全にコーティングします。スパムのスライスを両面がきつね色になるまで、片面約 2 ～ 3 分揚げます。揚げたスライスをペーパータオルで水気を切ります。
3. 指先を水で濡らし、手のひら全体にスプレーします。クルミ大さじ 2 杯程度のすし飯を手で握り、きれいな長方形のベッドライスを作ります。繰り返して、さらに 11 段の米を作ります。
4. 海苔を横に 12 等分に切る。揚げたスパムを縦半分に切ります。米の各ベッドの上にス

パムを縦に1枚置きます。海苔を使ってスパムのスライスをご飯にくっつけます。

66. アボカドとザクロのにぎり

材料

- 1½ カップ (300 g) 従来の寿司飯または電子レンジで簡単に調理できる寿司飯
- ザクロ糖蜜 大さじ 1
- ポン酢小さじ 1
- ½ アボカド、16 個の薄いスライスに切る
- 10 x 18 cm (4 x 7 インチ) の海苔 1 枚
- ザクロの種 小さじ 2

方向

1. すし飯を用意します。
2. 小さなボウルにざくろの糖蜜とポン酢を入れてよく混ぜます。
3. 指先を水に浸し、手のひら全体にスプラッシュします。クルミ大のすし飯大さじ 2 杯分を手で握り、きれいな長方形のご飯のベッドを作ります。繰り返してさらに 7 段の米を作ります。
4. 海苔を横にお好みの幅で 8 本切ります。残りの海苔は別の用途に取っておきます。2 つのアボカドスライスをご飯の上に置きます。ノリストリップ「シートベルト」で所定の位置に固定してください。

5. サーブするには、サービングディッシュにピースを並べます。各ピースにザクロの混合物をスプーンでかけ、その上にザクロの種をいくつかのせます。

67. しいたけにぎり

材料

- 1½ カップ (300 g) 準備された伝統的な寿司飯または電子レンジで簡単に調理できる寿司飯
- しいたけ 8個
- 調理用油
- 10 x 18 cm (4 x 7 インチ) の海苔 1枚
- ごまめんドレッシング 大さじ2
- 炒りごま 小さじ1

方向

1. すし飯とごまめんドレッシングを用意します。
2. 各キノコの上部にナイフで切り込みを入れます。大きなフライパンの底に十分な油を熱して、完全にコーティングします。きのこを加えてさっと炒めて香りを出します。これには数分しかかかりません。フライパンから取り出して冷まします。
3. 指先を水に浸し、手のひら全体にスプラッシュします。クルミ大のすし飯大さじ2杯分を手で握り、きれいな長方形のご飯のベッドを作ります。繰り返してさらに7段の米を作ります。
4. 海苔を横にお好みの幅で8本切ります。残りの海苔は別の用途に取っておきます。米

の各ベッドの上に1つのキノコをのせます。多様性を持たせるには、キノコの半分を下側を上にして米のベッドに置きます.きのこを海苔で固定する「シートベルト」。

5. サーブするには、きのこ寿司をサービングディッシュに並べます。ごまめんドレッシングをスプーンでかけ、ごまをふりかけます。

68. サーモン、チーズ、キュウリのスタック

材料

- 1 カップ (200 g) 準備された伝統的な寿司飯または手早く簡単な電子レンジの寿司飯
- 柔らかくしたクリームチーズ 大さじ 4
- わさびペースト 小さじ 1
- ライムの皮 小さじ $\frac{1}{4}$
- 4 x 7 インチ (10 x 18 cm) の海苔 2 枚
- 4 オンス。(125 g) スモークサーモンまたはロックス、薄切り
- 1/4 キュウリまたはキュウリを紙で薄くスライス
- いくら 大さじ 1

方向

1. すし飯を用意します。
2. 小さなボウルにクリームチーズ、わさびペースト、ライムの皮を混ぜます。海苔は縦半分に切る。作業面に 2 つのピースを置き、ざらざらした面を上に向け、残りの 2 つを脇に置きます。指先を濡らし、海苔の半分にすし飯大さじ 4 を広げます。残りの半分の海苔についてもこれを繰り返します。クリームチーズ混合物大さじ 1 をご飯に塗ります。

3. スモークサーモンを半分に切る。クリームチーズをまぶした海苔の表面にサンドウィッチ状に広げます。それらを横に押して、残りの2つの海苔の半分を取り出します。粗い面を上にして作業面に置きます。指先を濡らし、それぞれに大さじ4杯のすし飯を広げます。スモークサーモンの上に、半分をご飯の面を上にして重ねます。

4. クリームチーズ混合物大さじ1を、ご飯で覆われたスタックのそれぞれの表面に広げます。各スタックの上にキュウリのスライスを少し重なるように並べます。各スタックの上にラップを置きます。竹製のローリング マットを使用して、スタックをそっと押します。ラップをしたまま、鋭いナイフを使用して、各スタックをスライスに切ります。繰り返しますが、竹製のローリングマットを使用して、スタックをそっと押します。ラップを外します。

5. サービングするには、ピースをサービングディッシュに移します。イクラをのせます。

69. 玉子寿司 たまごにぎり

材料

- 卵4個
- だし汁 1/4 カップ
- 白砂糖 大さじ1
- みりん 小さじ1
- しょうゆ 小さじ$\frac{1}{2}$
- 植物油小さじ$\frac{1}{2}$、または必要に応じてそれ以上

方向

1. 卵をボウルでよく叩きます。だし汁、砂糖、みりん、醤油を加えて砂糖が溶けるまで泡立てる。
2. 焦げ付き防止のスキレットまたはオムレツパンを中火にかけます。鍋に植物油を塗ってください。卵混合物の薄い層を熱い鍋に注ぎ、渦を巻いて鍋をコーティングします。
3. 卵の層が底でしっかりしているが、まだわずかに液体になっている場合、へらでオムレツの端の約1インチを持ち上げ、残りの卵の層の上に端を折ります。オムレツを最後まで転がし続け、ロールをフライパンの端まで押し込みます。
4. フライパンが乾いているように見える場合は、もう一度油をさします。卵の別の薄い層をフライパンに注ぎ、ロールを持ち上げて、卵がオムレツロールの下に流れるようにします。卵の新しい層の上にオムレツロールを折り、前と同じように最後まで巻き続けます。オムレツをスキレットの端に寄せる。

5. 新しい卵の層をフライパンに注ぎ、必要に応じてフライパンに油をさします。オムレツを転がして、次の卵の層をロールに組み込みます。新しい層を注ぎ、すべての卵混合物が使用されるまでオムレツに転がします。
6. オムレツをサービングプラッターに取り出し、6等分にカットしてサーブします。
7.

70.真砂軍艦

材料

- 1/2 カップ (100 g) の伝統的なすし飯または手早く簡単に電子レンジで調理できるすし飯
- 4 x 7 インチ (10 x 18 cm) の海苔 2 枚
- ししゃも卵（まさご） 大さじ 4

方向

1. すし飯を用意し、4 等分にして 4 枚のご飯を作ります。海苔を 1½ x 5 インチ (4 x 13 cm) の 4 つのストリップに切ります。（残りの海苔は保存して、他のにぎりの「シートベルト」に切ることができます．エッジの「接着剤」として米粒 1 粒を使用する必要がある場合があります。残りの 3 段のご飯と海苔についても繰り返します。
2. サービングするには、寿司飯の各ベッドに大さじ 1 杯の真砂をスプーンでかけます．

71. いわしにぎり

材料

- 1½ カップ (300 g) 準備された伝統的な寿司飯または電子レンジで簡単に調理できる寿司飯
- 4 オンス。(120g) いわし缶
- 10 x 18 cm (4 x 7 インチ) の海苔 1 枚
- 新鮮なコリアンダーの葉（コリアンダー） 1 枝
- 細かくすりおろした新鮮なショウガの根 小さじ ½
- 細かくすりおろしたにんにく 小さじ ¼

方向

1. すし飯を用意します。
2. 缶詰液からイワシを取り出し、軽くたたいて乾かします。指先を水に浸し、手のひら全体にスプラッシュします。クルミ大さじ2杯程度のすし飯を手で握り、きれいな長方形を作ります。繰り返して、さらに 6〜7 枚の米のベッドを作ります。
3. 海苔を横にお好みの幅で 8 本切ります。残りの海苔は別の用途に取っておきます。ご飯の上にいわしを 1 枚のせます。いわしを海苔で固定する「シートベルト」。

4. サーブするには、イワシをサービングディッシュに置きます。新鮮なコリアンダー(コリアンダー)の小枝から茎を取り除きます。各イワシの上に新鮮なコリアンダー(コリアンダー)の葉 1 枚をのせます。すりおろした生ショウガをイワシの間に分けます。各イワシの上にすりおろしたにんにくを少しずつ加えます。

72. 鴨の燻製にぎり

材料

- 1½ カップ (300 g) 準備された伝統的な寿司飯または電子レンジで簡単に調理できる寿司飯
- 12 オンス。(340 g) 鴨胸肉のスモーク、皮はそのまま
- 調理用油
- 10 x 18 cm (4 x 7 インチ) の海苔 1 枚
- 加糖醤油シロップ 大さじ 2
- ねぎみじん切り 小さじ 1 （青ネギのみ）

方向

1. 寿司飯と加糖しょうゆを用意します。
2. 鴨胸肉は皮を剥き、薄切りにする。大きなフライパンの底に十分な油を熱して、完全にコーティングします。鴨の皮のスライスを加え、カリッと黄金色になるまで約 3 分間調理します。ペーパータオルまたは清潔なキッチンタオルでアヒルのパチパチの水気を切ります。
3. 鴨胸肉を斜めに 10〜12 枚の薄切りにする。指先を水に浸し、手のひら全体にスプラッシュします。クルミ大のすし飯大さじ 2 杯分を手で握り、きれいな長方形のご飯のべ

ッドを作ります。スモークダックのスライスを収容するのに十分な量の米のベッドを作るために繰り返します.

4. スモークダックのスライスの数に合わせて、海苔を横に細長く切ります。各ベッドまたはご飯の上にアヒルのスライスを 1 つ置き、海苔ストリップ「シートベルト」で所定の位置に固定します.

5. お皿に寿司を盛り付けます。加糖醤油シロップをかけます。鴨のパチパチを上に広げ、次にねぎを広げます。

73. デビルドエッグとアボカド軍艦

材料

- 1/2 カップ (100 g) の伝統的なすし飯または手早く簡単に電子レンジで調理できるすし飯
- 4 x 7 インチ (10 x 18 cm) の海苔 2 枚
- 刻んだアボカド 大さじ 4
- ひとつまみの塩
- $\frac{1}{4}$ ライムのジュース
- うずらの卵黄 4 個
- スパイシーマヨネーズ 小さじ 4
- ねぎみじん切り 小さじ 1（青ネギのみ）

方向

1. すし飯とピリ辛マヨネーズを用意します。
2. すし飯を 4 等分し、4 段のご飯を作る。海苔を 1½ x 5 インチ (4 x 13 cm) の 4 つのストリップに切ります。（残りの海苔は保存して、他のにぎりの「シートベルト」に切ることができます。エッジの「接着剤」として米粒 1 粒を使用する必要がある場合があります。残りの 3 段のご飯と海苔についても繰り返します。
3. みじん切りにしたアボカド、塩ひとつまみ、ライムジュースを小さなボウルに入れて混

ぜます。各ライスベッドに大さじ1杯の混合物をスプーンでかけます。アボカドをトッピングした寿司のベッドの中央に、ウズラの卵黄を 1 個置きます。ウズラの卵の上に小さじ1杯のスパイシーマヨネーズをスプーンでかけます。トーチを使ってスパイシーマヨネーズを7～8秒ほど軽く焼きます。

4. サーブするには、ネギ（ネギ）を寿司の上に振りかけ、すぐにサーブします.

74. 白まぐろにぎり

材料

- 1¼ カップ (250 g) 準備された伝統的な寿司飯または電子レンジで簡単に調理できる寿司飯
- 6 オンス。(150 g) 新鮮な白マグロ、厚さ 1 インチ (2.5 cm) のブロックにカット
- ポン酢 大さじ 2、さらにディップ用
- 細かくすりおろした黄玉ねぎ 小さじ ¼
- 細かくすりおろしたにんにく 小さじ ¼
- 細かくすりおろしたニンジン 小さじ ½

方向

1. すし飯を用意します。
2. 白身まぐろの外側をトーチで軽く炙る。または、白マグロを金属の串で串に刺し、ガスコンロの炎の上で魚の外側を焼きます。魚が触れるまで冷まします。
3. 白まぐろはブロックカットの作り方に従って 10〜12 等分に切る。指先を水で濡らし、手のひら全体にスプレーします。クルミ大のすし飯大さじ 2 杯分を手で握り、きれいな長方形のご飯のベッドを作ります。繰り返してさらに 8 枚の米のベッドを作ります。

4. 左手の手のひらにご飯を平らに置き、その上に白マグロのスライスを1枚垂らします。右手の親指と人差し指でご飯の側面をつかみます。白マグロに左手の親指をこすりつけて形を整えます。残りの白マグロとご飯も同様に。
5. サーブするには、白マグロの寿司をサービングディッシュに並べます。各部分にポン酢を刷毛で塗ります。各ピースの上に、すりおろした黄玉ねぎ、すりおろしたにんにく、すりおろしたにんじんを少量のせます。お好みでポン酢を添えてお召し上がりください。

75. 豆腐の燻製にぎり

材料

- 1½ カップ (300 g) 準備された伝統的な寿司飯または電子レンジで簡単に調理できる寿司飯
- 16 オンス。(500 g) パッケージの豆腐、パッケージの液体を切ります
- 天ぷらソース 1/2 カップ（125ml）
- 4 x 7 インチ (10 x 18 cm) の海苔 1 枚
- すし飯ドレッシング 大さじ 4
- 黒ごま油 小さじ ½
- にんにくチリソース 小さじ ½

方向

1. すし飯と天つゆを用意します。
2. 平らな面に何枚か重ねたペーパータオルの間に豆腐を置きます。その上にボウルと重い缶詰を置きます。豆腐は 15 分以上水気を切る。豆腐を待っている間に、一握りの燻製チップを水に浸します。
3. 小鉢に豆腐を入れ、天つゆを添える。数回回してコーティングします。豆腐を 10 分ほど漬け込みます。
4. 屋外グリルを加熱します。浸したウッドチップをアルミホイルで包みます。箸でアルミホイルを数回突き刺す。ホイルパケットをグリルに追加します。煙が出てきたら焼

き網に豆腐をのせ、焼き網のふたを閉める。豆腐を 20 分燻します。グリルから取り出し、完全に冷まします。

5. 指先を水に浸し、手のひら全体にスプラッシュします。クルミ大のすし飯大さじ 2 杯分を手で握り、きれいな長方形のご飯のベッドを作ります。繰り返して、さらに 9 段の米を作ります。

6. 燻製豆腐は横に 6mm 厚さのそぎ切りにする。海苔を横にお好みの幅で 8 本切ります。残りの海苔は別の用途に取っておきます。ご飯の上に燻製豆腐 1 切れをのせます。海苔の「シートベルト」でスライスを所定の位置に固定します。

7. サーブするには、サービングディッシュにスモーク寿司を並べます。小皿にすし酢、黒ごま油、にんにくチリソースを混ぜ合わせます。燻製豆腐の各部分に混合物の一部を刷毛で塗ります。

76. ホタテのガーリックたたきにぎり

材料

- 1/2 カップ (100 g) の伝統的なすし飯または手早く簡単に電子レンジで調理できるすし飯
- 新鮮なホタテのむき身 2 尾
- にんにくのみじん切り 小さじ $\frac{1}{2}$
- ひとつまみの塩
- 黒ごま油 小さじ $\frac{1}{2}$

方向

1. すし飯を用意します。
2. 指先を濡らし、手のひらに水をはねます。すし飯を 4 等分にします。
3. 各ホタテを横に半分に切ります。ホタテの中央を半分に切り、バタフライにします。ずっと切らないでください。ホタテのホタテをご飯の上にドレープします。
4. 小皿ににんにく、塩ひとつまみ、黒ごま油を入れて混ぜ合わせる。スプーンの背を使って、各ホタテの表面に混合物をたっぷりと広げます。ホタテをトーチで焼き、表面を軽く焼き色をつける。醤油でいただきます。

手巻き寿司

77. スパイシーなイカの手巻き

材料

- 1 カップ (200 g) 準備された伝統的な寿司飯または手早く簡単な電子レンジの寿司飯
- 新鮮なイカの薄い輪切り 8 個 (2 オンス/50 g)
- 大さじ 4 半分ずつ
- 小麦粉 大さじ 4 山盛り
- パン粉 大さじ山盛り 2 杯分
- 米ふりかけ 小さじ 1
- ひとつまみの塩
- 揚げ油
- スイートチリソース 大さじ 4 と盛り付け用
- 4 x 7 インチ (10 x 18 cm) の海苔 4 枚
- 細かくすりおろした新鮮なショウガの根 小さじ 2 杯
- アボカド 1/2 個、皮をむき、種を取り、8 等分に切る
- 煎ったごま 小さじ 4
- ねぎ 4 本、白い部分をそぎ落とす

方向

1. すし飯とスイートチリソースを用意します。

2. イカを半分と半分と一緒に小さなボウルに入れます。
3. 小さなボウルに小麦粉、パン粉、ふりかけ、塩ひとつまみを入れてよく混ぜます。半分と半分からイカを取り出し、小麦粉の混合物でよく和えます。(塊状に見えるはずです。) フライパンで 1 インチ (2.5 cm) の油を 350°F (175°C) に熱します。生地が黄金色になるまで、衣をつけたイカを約 3 分間炒めます。ペーパータオルで数秒間水気を切ります。イカを中くらいのボウルに移し、スイートチリソースで和えます。
4. 海苔1枚を左手の手のひらにザラザラした面を上にして並べます。左の準備したすし飯を大さじ 4 杯押します⅓のりの。小さじ 1/2 の新鮮な生姜の根をご飯の上に塗ります。
5. ご飯の真ん中にアボカドを 2 枚並べます。イカフライの 1/4 をのせます。ごま小さじ 1 をふり、ねぎ 1 片を加える。
6. 海苔の左下の角を持ち、ご飯のすぐ上の頂点に達するまで具の上に折ります.すべての海苔が巻きつくまで、ロールを下に転がして、きつい円錐を形成します。必要に応じて、米粒 1 粒でルーズ エッジを固定します。

7. 残りの海苔、ご飯、具材で手順を繰り返します。お好みでスイートチリソースを添えて、すぐにお召し上がりください。

78.ナマズの炙り手巻き

材料

- 1 カップ (200 g) 準備済み 伝統的または手早く簡単な電子レンジの寿司飯
- ナマズの炙り焼き 8 切れ
- 炒りごま 小さじ 2
- 4 x 7 インチ (10 x 18 cm) の海苔 4 枚
- 甘口しょうゆシロップ 小さじ 4〜お好みで
- 大根おろし 小さじ 4
- 英国キュウリまたは日本のキュウリ 1 本、種を取り、長さ 4 インチ (10 cm) のマッチ棒に切る

方向

1. 寿司飯、ナマズの炙り焼き、甘口しょうゆを用意します。
2. 焼きナマズのスライスをアルミホイルの上に置き、オーブントースターで 30〜45 秒加熱して温めます。ごまをふりかける。
3. 海苔の粗い面を上にして、左手の手のひらに 1 枚並べます。左の準備したすし飯を大さじ 4 杯押します⅓のりの。
4. 米の真ん中に、甘口しょうゆ小さじ 1 と大根おろし小さじ 1 をぬります。焼きナマズのスライスを 2 列に並べてご飯の上に置き

ます。きゅうりのマッチ棒の $\frac{1}{4}$ を上に並べます。

5. 海苔をきつく円筒状に丸めます。残りの海苔、ご飯、具材で手順を繰り返します。すぐにロールを提供します。

79. 野菜天ぷら手巻き

材料

- 1カップ (200 g) 準備された伝統的な寿司飯または手早く簡単な電子レンジの寿司飯
- 基本の天ぷら衣
- 揚げ油
- サヤインゲン 16個、先端と筋を取り除き、湯通しする
- 片栗粉またはコーンスターチ（コーンフラワー） 大さじ 4
- 4 x 7 インチ (10 x 18 cm) の海苔 4 枚
- 炒りごま 小さじ 4
- 大根おろし 小さじ 4
- 細かくすりおろした新鮮なショウガの根 小さじ 1
- 赤ピーマン 1/4 個、マッチ棒状に切る
- ねぎ 4本分、白い部分をそぎ落とす

方向

1. すし飯と基本の天ぷら衣を用意します。
2. フライパンで 1 インチ (2.5 cm) の油を 350°F (175°C) に熱します。さやいんげんを片栗粉に浸し、余分な粉を払い落とします。熱した油に加える前に、基本の天ぷら衣でサヤインゲンをかき混ぜます。（さらにカリカリにするた

めに、サヤインゲンを加えた後、天ぷら衣大さじ 1 を油の上に注ぎます。）衣がきつね色になるまで、約 2 分間炒めます。ワイヤーラックで水気を切ります。

3. 海苔の粗い面を上にして、左手の手のひらに 1 枚置きます。準備したすし飯大さじ 4 を左に押します⅓のりの。ごま小さじ 1 をご飯の上にふりかけます。大根小さじ 1 と生姜小さじ 1/4 をご飯の上に塗ります。

4. ごはんの真ん中にインゲン豆 4 個を 2 列に並べます。赤ピーマンのマッチ棒の 1/4 とネギ 1 個をのせます。

5. 海苔の左下の角を持ち、ご飯のすぐ上の頂点に達するまで具の上に折ります．すべての海苔が巻きつくまで、ロールを下に転がして、きつい円錐を形成します。必要に応じて、米粒 1 粒でルーズ エッジを固定します。

80.クリスピーチキンスキンハンドロール

材料

- 1 カップ (200 g) 準備された伝統的な寿司飯または手早く簡単な電子レンジの寿司飯
- 6 オンス。(175 g) 鶏の皮、よくすすぎ、軽くたたいて乾かします
- 揚げ油
- 塩味
- 赤唐辛子パウダー（トガラシ）または粉末赤唐辛子（カイエン） 小さじ $\frac{1}{2}$
- 4 x 7 インチ (10 x 18 cm) シートの大豆紙 4 枚
- スパイシーマヨネーズ 小さじ 4
- ししゃも卵（真砂） 小さじ 4
- わさび豆 小さじ 4（粗みじん切り）
- ネギのみじん切り（ネギ） 小さじ 4
- にんじん 1 本、長さ 10cm のマッチ棒に切る
- 英国キュウリまたは日本のキュウリ 1 本、種を取り、長さ 4 インチ (10 cm) のマッチ棒に切る
- 大きなロメイン レタスの葉 1 枚を細切りにします

方向

1. すし飯とピリ辛マヨネーズを用意します。
2. 鶏皮は細切りにする。フライパンで 1/2 インチ (1.25 cm) の油を 350°F (175°C) に熱します。鶏肉の皮をカリカリになるまで約 5 分間炒めます。小さめのボウルに鶏皮、塩、赤唐辛子粉を入れてよく混ぜ合わせる。
3. 左手の手のひらに大豆紙を 1 枚置きます。左のすし飯大さじ 4 を押します⅓大豆紙の。
4. ご飯の中心にスパイシーマヨネーズ小さじ 1 を塗ります。ご飯の上に明太子小さじ 1 を広げます。わさび小さじ 1 とネギ小さじ 1 を重ねます。にんじんのマッチ棒の $\frac{1}{4}$、きゅうりのマッチ棒の $\frac{1}{4}$、カットしたロメインの $\frac{1}{4}$ を加えます。フライドチキンの皮の 1/4 をのせます。
5. 大豆紙の左下隅を取り、ご飯のすぐ上の頂点に達するまで具の上に折ります. ロールを下に転がして、きつい円錐を形成します。

81. グレーズドベーコンの手巻き

材料

- 1 カップ (200 g) 準備された伝統的な寿司飯または手早く簡単な電子レンジの寿司飯
- 4 x 7 インチ (10 x 18 cm) の大豆紙または海苔 4 枚
- 調理済みベーコン 8 枚
- ロメイン レタス 1 枚、細切りにする
- トマト 1/2 個、くし形に 8 等分に切る
- ¼ アボカド、4 つのウェッジにカット
- 甘口しょうゆ 大さじ 4 以上 お好みで
- 煎ったごま 小さじ 4

方向

1. 寿司飯と加糖しょうゆを用意します。
2. 左の手のひらに大豆紙を 1 枚置きます。寿司飯大さじ 4 を左に押す⅓大豆紙の。
3. ご飯の真ん中にベーコンを 2 枚並べます。カットされたロメインの ¼ を上にのせます。トマトのくさび 2 つとアボカドのくさび 1 つを加えます。フィリングに大さじ 1 の加糖醤油シロップをかけます。ごま小さじ 1 をふりかける。
4. 大豆紙の左下隅を取り、ご飯のすぐ上の頂点に達するまで具材の上に折ります．すべての大豆紙がコーンの周りに巻き付くまで、

ロールを下に転がしてタイトなコーンを形成します。
5. 残りの大豆紙、米、具材で手順を繰り返します。すぐにロールを提供します。

82.サバきゅうり手巻き

材料

- 1 カップ (200 g) 準備された伝統的な寿司飯または手早く簡単な電子レンジの寿司飯
- 海苔 4 枚、4 x 7 インチ (10 x 18 cm)
- 細かくすりおろした新鮮なショウガの根 小さじ 2 杯
- 準備した新鮮なサバのフィレ 1 枚を約 8 切れに切る
- 英国キュウリまたは日本のキュウリ 1 本、種を取り、長さ 4 インチ (10 cm) のマッチ棒に切る
- くし形レモン 4 個
- ねぎみじん切り 小さじ 4（青ネギのみ）

方向

1. すし飯を用意します。
2. 海苔1枚を左手の手のひらにザラザラした面を上にして並べます。左のすし飯大さじ4を押します⅓のりの。小さじ 1/2 の新鮮な生姜の根をご飯の上に塗ります。
3. 小さじ 1/2 の新鮮なショウガの根をご飯に塗ります。ご飯の真ん中にサバを 2 枚並べます。キュウリのマッチ棒の $\frac{1}{4}$ を追加します。フィリングの上にレモンのくさび1個

を絞ってから、ネギ小さじ1杯を振りかけます．

4. 海苔の左下の角を持ち、ご飯のすぐ上の頂点に達するまで具の上に折ります．すべての海苔が巻きつくまで、ロールを下に転がして、きつい円錐を形成します。必要に応じて、米粒 1 粒でルーズ エッジを固定します。

5. 残りの海苔、ご飯、具材で手順を繰り返します。必要に応じて、ポン酢ですぐにロールパンを提供します．

83. ケールチップハンドロール

材料

- 1 カップ (200 g) 準備済み 伝統的なすし飯 すばやく簡単に電子レンジで調理 寿司飯または玄米
- ケール 1 束、洗って乾かします
- 食用油 大さじ 1
- 小さじ 1/2 の唐辛子パウダー（トガラシ）
- 4 x 7 インチ (10 x 18 cm) の海苔 4 枚
- 刻んだ生姜 大さじ 2
- 青りんご 1/2 個（皮をむき、マッチ棒状に切る）
- にんじん 1 本、長さ 10cm のマッチ棒に切る
- ピーナッツソース 大さじ 4 以上 お好みで
- ネギのみじん切り（ネギ） 小さじ 4

方向

1. すし飯とピーナッツソースを用意します。
2. オーブンを 350°F (175°C) に加熱します。ケールから固い茎と肋骨を取り除きます。羊皮紙で覆われた金属製の天板にケールを置きます。上から油を垂らし、手でよく混ぜます。ケールの両面にトウガラシと海塩をふりかける。ケールを薄く広げて 12 分焼き、途中でケールチップをひっ

くり返します。チップスは軽くてクリスピーでなければなりません。必要に応じて、さらに 2 〜 3 分間焼きます。

3. 海苔1枚を左手の手のひらにザラザラした面を上にして並べます。左の準備したすし飯を大さじ4杯押します⅓のりの。ご飯の上に生姜の結晶を大さじ 1/2 ふりかけます。

4. ご飯の真ん中にケールチップスの 1/4 を置きます。グラニースミス アップル マッチ棒の 1/4 とニンジン マッチ棒の 1/4 を加えます。フィリングの上にピーナッツソース大さじ 1、またはそれ以上をスプーンでかけます。その上にネギ小さじ 1 をふりかける。

5. 海苔の左下の角を持ち、ご飯のすぐ上の頂点に達するまで具の上に折ります.すべての海苔が巻きつくまで、ロールを下に転がして、きつい円錐を形成します。

6.

84. ホッキョクイワナの手巻き

材料

- 1 カップ (200 g) 準備された伝統的な寿司飯または手早く簡単な電子レンジの寿司飯
- 4 x 7 インチ (10 x 18 cm) のり 4 枚
- 煎ったごま 小さじ 4
- 6 オンス。(175 g) 新鮮なホッキョクイワナ、8 片にカット (またはサーモン)
- 英国キュウリまたは日本のキュウリ 1 本、種を取り、長さ 4 インチ (10 cm) のマッチ棒に切る
- アボカド 1/4 皮をむき、種を取り、4 等分に切る
- くし形レモン 4 個
- ねぎ 4 本分、白い部分をそぎ落とす

方向

1. すし飯を用意します。
2. 海苔の粗い面を上にして、左手の手のひらに 1 枚並べます。準備したすし飯大さじ 4 を左に押します⅓のりの。ごま小さじ 1 をご飯の上にふりかけます。
3. 2 枚のホッキョクイワナをご飯の中央に一列に並べます。きゅうりのマッチ棒の $\frac{1}{4}$ とアボカドのスライス 1 枚をのせます。フィ

リングの上にくし形に切ったレモン 1 個を絞り、ねぎ 1 個を加えます。

4. 海苔の左下の角を持ち、ご飯のすぐ上の頂点に達するまで具の上に折ります．すべての海苔が巻きつくまで、ロールを下に転がして、きつい円錐を形成します。必要に応じて、米粒 1 粒でルーズ エッジを固定します。

5. 残りの海苔、ご飯、具材で手順を繰り返します。すぐにロールを提供します。

85. 生まぐろ手巻き

材料

- 1 カップ (200 g) 準備された伝統的な寿司飯または手早く簡単な電子レンジの寿司飯
- 海苔 4 枚、4 x 7 インチ (10 x 18 cm)
- 細かくすりおろした新鮮なショウガの根 小さじ 2 杯
- 6 オンス。(175 g) 新鮮なマグロまたはビンナガマグロ、穀物を横切って 12 本のストリップに切る
- 英国キュウリまたは日本のキュウリ 1 本、種を取り、長さ 4 インチ (10 cm) のマッチ棒に切る
- くさび 4 個
- 煎ったごま 小さじ 4

方向

1. すし飯を用意します。
2. 海苔1枚を左手の手のひらにザラザラした面を上にして並べます。左のすし飯大さじ 4 を押します⅓のりの。小さじ 1/2 の新鮮な生姜の根をご飯の上に塗ります．
3. ご飯の真ん中に生マグロの切り身を 3 枚並べます。キュウリのマッチ棒の $\frac{1}{4}$ を追加します。フィリングの上にライムのくさび 1

個を絞ってから、小さじ1杯のゴマを振りかけます.

4. 海苔の左下の角を持ち、ご飯のすぐ上の頂点に達するまで具の上に折ります.すべての海苔が巻きつくまで、ロールを下に転がして、きつい円錐を形成します。必要に応じて、米粒 1粒でルーズ エッジを固定します。

5. 残りの海苔、ご飯、具材で手順を繰り返します。すぐにロールを提供します。

86.キムチとトマトとアンチョビの手巻き

材料

- 1 カップ (200 g) 準備された伝統的な寿司飯または手早く簡単な電子レンジの寿司飯
- 海苔 4 枚、4 x 7 インチ (10 x 18 cm)
- アンチョビの小さな切り身の缶詰 8～12 個
- キムチ 4 枚以上 お好みで粗みじん切り
- トマト 1/2 個、くし形に 8 等分に切る

方向

1. すし飯を用意します。
2. 海苔1枚を左手の手のひらにザラザラした面を上にして並べます。左のすし飯大さじ4を押します⅓のりの。
3. ご飯の真ん中にアンチョビフィレを2～3枚並べます。キムチ大さじ1を加える。トマトのくさび2個を他のフィリングの上に置きます。
4. 海苔の左下の角を持ち、ご飯のすぐ上の頂点に達するまで具の上に折ります．すべての海苔が巻きつくまで、ロールを下に転がして、きつい円錐を形成します。必要に応じて、米粒 1 粒でルーズ エッジを固定します。
5. 残りの海苔、ご飯、具材で手順を繰り返します。すぐにサーブします。

87. 生野菜の手巻き

材料

- 1カップ (200 g) 準備された伝統的な寿司飯または手早く簡単な電子レンジの寿司飯
- 味噌 大さじ1
- 米酢小さじ1
- 小さじ1杯のフレッシュオレンジジュース
- 蒸したブロッコリー 1/2束
- 海苔 4枚、4 x 7インチ (10 cm x 18 cm)
- にんじん 1本、長さ10cmのマッチ棒に切る
- ねぎみじん切り 小さじ4（青ネギのみ）
- レーズン 小さじ4

方向

1. すし飯を用意します。
2. 小鉢に味噌、米酢、オレンジジュースを入れて混ぜます。ブロッコリーは一口大に切り、味噌を混ぜ合わせる。
3. 海苔のザラザラした面を上にして、左手の手のひらに合わせます。左の準備したすし飯を大さじ4杯押します⅓のりの。

4. ブロッコリーの $\frac{1}{4}$ をご飯の中央に置きます。にんじんのマッチ棒の $\frac{1}{4}$ をご飯の上に並べます。ネギ小さじ1とレーズン小さじ1を上からふりかけます。
5. 海苔の左下の角を持ち、ご飯のすぐ上の頂点に達するまで具の上に折ります．すべての海苔が巻きつくまで、ロールを下に転がして、きつい円錐を形成します。必要に応じて、米粒1粒でルーズ エッジを固定します。
6. 残りの海苔、ご飯、具材で手順を繰り返します。ロールパンをすぐに醤油に浸してお召し上がりください。

88.ココナッツシュリンプ手巻き

材料

- 1 カップ (200 g) 準備された伝統的な寿司飯または手早く簡単な電子レンジの寿司飯
- 新鮮な大エビ 8 尾、皮をむいて背ワタを取り除き、尾を取り除く
- 片栗粉またはコーンスターチ（コーンフラワー） 大さじ 4
- 卵大 1 個水大さじ 2
- 小さじ 1/2 の塩
- 米ふりかけ 小さじ 1
- 無糖ココナッツフレーク 大さじ山盛り 2 杯
- パン粉 大さじ山盛り 4 杯
- 揚げ油
- 4 x 7 インチ (10 x 18 cm) の海苔 4 枚
- ピーナッツソース 小さじ 4
- 英国キュウリまたは日本のキュウリ 1 本、種を取り、長さ 4 インチ (10 cm) のマッチ棒に切る
- マンゴー 1/2 個、皮をむき、種を取り、マッチ棒状に切る
- ねぎみじん切り 小さじ 2（青ネギのみ）

方向

1. すし飯とピーナッツソースを用意します。

2. 各エビの下側に 2 つの小さな切り込みを入れます。それらを裏返し、しっかりと押して平らにして伸ばします。各エビをポテトスターチまたはコーンスターチ（コーンフラワー）で浚渫し、取っておきます。
3. 小さなボウルに卵、水、塩、ふりかけを入れてよく混ぜます。別の小鉢にココナッツと和風パン粉を混ぜ合わせます。
4. フライパンで 1 インチ (2.5 cm) の油を 350°F (175°C) に熱します。各エビを卵の混合物に浸し、続いて乾燥ココナッツの混合物に浸します。熱した油に加えて、きつね色になるまで、約 2 〜 2 分半炒めます。ワイヤーラックで水気を切ります。
5. 海苔の粗い面を上にして、左手の手のひらに 1 枚並べます。小さじ 4 杯のすし飯を左に押します⅓のりの。
6. 小さじ 1 のピーナッツソースをご飯の中心に塗ります。ご飯の上に下ごしらえした海老を 2 枚乗せます。きゅうりのマッチ棒の $\frac{1}{4}$、マンゴーのマッチ棒の $\frac{1}{4}$、青ネギの小さじ $\frac{1}{2}$ をのせます。
7. 海苔の左下の角を持ち、ご飯のすぐ上の頂点に達するまで具の上に折ります。すべての海苔が巻き付くまで、ロールを下に転がして、きつい円錐を形成します。必要に応じて、米粒 1 粒でルーズ エッジを固定します。

89. ホタテの手巻き焼き

材料

- 1 カップ (200 g) 準備された伝統的な寿司飯または手早く簡単な電子レンジの寿司飯
- 生ホタテ むき身 8 尾
- キャノーラ油 大さじ 2
- 黒ごま油 小さじ $\frac{1}{4}$
- $\frac{1}{2}$ ライムのジュース
- 塩味
- 4 x 7 インチ (10 x 18 cm) の海苔 4 枚
- 炒りごま 小さじ 4
- 茹でたコーン粒 小さじ 4
- 新鮮なコリアンダーの小枝 4 本 (コリアンダー)
- 赤ピーマン 1/4 個、マッチ棒状に切る
- 英国キュウリまたは日本のキュウリ 1 本、種を取り、4 インチ (10 cm) のマッチ棒に切る

方向

1. すし飯を用意します。
2. ホタテを軽くたたく。小さなボウルにキャノーラ油、ごま油、ライムの絞り汁を入れて混ぜます。ホタテを加えて均一になるように混ぜます。ホタテに塩をふりかける。グリルを強火に熱し、ホタテを片面 1 分ず

つ焼きます。各ホタテを半分に切る前に冷やします。

3. 海苔のザラザラした面を上にして、左手の手のひらに合わせます。左の準備したすし飯を大さじ4杯押します1/3のりの。ごま小さじ1をご飯の上にふりかけます。

4. ホタテの半分をご飯の真ん中に4つ置きます。小さじ1杯のとうもろこしの粒をご飯の中心にのせます。新鮮なコリアンダーの小枝を1本加え、続いて赤ピーマンのマッチ棒の1/4とキュウリのマッチ棒の1/4を加えます。

5. 海苔の左下の角を持ち、ご飯のすぐ上の頂点に達するまで具の上に折ります．すべての海苔が巻きつくまで、ロールを下に転がして、きつい円錐を形成します。

刺身

90.ホタテのカルパッチョ

材料

- 皮をむいたじゃがいも 1個
- 揚げ油
- 塩 小さじ1
- ふりかけ 小さじ1
- 新鮮なホタテのむき身 8尾
- みかん 2個
- ねぎみじん切り 小さじ4（青ネギのみ）
- 溶かして温めた無塩バター 大さじ4
- ポン酢 大さじ4

方向

1. スライスしたエシャロットを小さなボウルに入れ、小さじ1/2の塩を振りかけます。酢を加えて、エシャロットが浸からないように静かに混ぜます。室温で30分間放置します。（1〜2日前に作って冷蔵保存）残ったお酢はサラダドレッシングなどに。
2. よく切れる包丁で、ホタテを横方向に非常に薄いスライスにスライスします。冷やした6枚のプレートにスライスを配り、円形に平らに並べます。各プレートに半分に切ったミニトマトを並べます。ホタテとトマトに塩、ペパロンチーノ少々、ケッパー数個、エシャロットのピクルスをふりかけます。

3. ちぎったまたはスライスしたバジルの葉といくつかの小さなバジルの葉を飾ります．各プレートにライム ジュースを絞り、オリーブ オイルをたっぷりとかけます。すぐにサーブします。

91. 甘海老の刺身

材料

- 海老（あまえび）または冷凍・解凍したもの（頭はそのまま）
- 片栗粉またはコーンスターチ（コーンフラワー） 1/2 カップ（60g）
- 赤唐辛子パウダー（トガラシ）または粉末赤唐辛子（カイエン） 小さじ $\frac{1}{2}$
- 揚げ油
- 塩 小さじ1
- 黒ごま油 大さじ1
- フレッシュライムジュース 大さじ1
- しょうゆ 大さじ1
- トビコ（トビコ） 小さじ4
- ねぎ 4本（青い部分のみ）
- ウズラの卵 4個
- わさびペースト 小さじ2

方向

1. サーモン、カニの塊、白マグロを別々の小さな非金属製のボウルに入れます。玉ねぎ、ねぎ、しょうゆ、ごま油、生姜、おごを中くらいのボウルに入れてよく混ぜます。シーフードの3つのボウルの間で混合物を分けます。
2. サーモンのポケには、海塩ひとつまみと炒りごま小さじ1を加えます。カニポケの場合は、さいの目に切ったトマトを混

合物にかき混ぜます。白マグロのポケは、小さじ2杯のマカダミアナッツをボウルに入れてかき混ぜます。各ポケを覆い、少なくとも1時間冷蔵します．必要に応じて、せんべいで冷やした各ポケを提供します。

-

92.ポケトリオ

材料

- 6 オンス。(175 g) 新鮮なサーモン、さいの目切り
- 6 オンス。(175 g) かたまりのカニ
- 6 オンス。(175 g) 新鮮な白マグロ、角切り
- みじん切りにした甘いタマネギ 1/4 個
- みじん切り 大さじ 3、ネギ（ネギ）、青い部分のみ
- しょうゆ 大さじ 4
- ごま油 小さじ 2
- みじん切りにした新鮮な生姜の根 小さじ 2
- オゴ 1/2 カップ（25g）みじん切り
- 海塩ひとつまみ
- 炒りごま 小さじ 1
- さいの目に切った小さなトマト 1 個
- 粗く刻んだ、トーストしたマカダミアナッツ 小さじ 2 杯
- 盛り付けせんべい、お好みで

方向

3. サーモン、カニの塊、白マグロを別々の小さな非金属製のボウルに入れます。玉ねぎ、ねぎ、しょうゆ、ごま油、生姜、

おごを中くらいのボウルに入れてよく混ぜます。シーフードの3つのボウルの間で混合物を分けます。

4. サーモンのポケには、海塩ひとつまみと炒りごま小さじ1を加えます。カニポケの場合は、さいの目に切ったトマトを混合物にかき混ぜます。白マグロのポケは、小さじ2杯のマカダミアナッツをボウルに入れてかき混ぜます。各ポケを覆い、少なくとも1時間冷蔵します．必要に応じて、せんべいで冷やした各ポケを提供します．

93. オヒョウのレモンと抹茶の塩

材料

- 8 オンス。(225 g) 新鮮なオヒョウ、いくつかのスライスに斜めにカット
- レモン 1 個
- 粗海塩 小さじ 3
- 緑茶パウダー（抹茶） 小さじ $\frac{1}{2}$

方向

1. オヒョウのスライスをサービングディッシュに並べます。（皿が丸い場合はスライスを円形に配置します。長方形または長方形の皿の場合は、スライスを中央に並べて配置します。）レモンを横に半分に切り、レモンが半分になるように端を十分に切り落とします。フラットに設定します。半分に切ったレモンを重ねて皿に盛る。
2. 小皿に海塩と抹茶パウダーを混ぜ合わせます。抹茶塩はお皿に山盛りにするか、小皿に盛り付けて添えます。お刺身にはレモンの半分をオヒョウに絞ります。お好みで抹茶塩をふりかけます。

94. 牛たたき盛り合わせ

材料

- ヒレステーキ 450g センターカット
- ごま油 大さじ1
- 挽きたての黒胡椒

マリネ用：

- 薄口しょうゆ 大さじ3
- 挽いた黒胡椒
- みりんまたはドライシェリー 大さじ2
- 長ねぎ 2本、薄切り、
- にんにく大1片（皮をむいて細かく刻む）
- 1 x 1.25cm の新鮮な生姜、皮をむいて細かく刻む
- マイクロサラダの葉（飾り用）

ポン酢ドレッシングの場合：

- レモン汁 大さじ2
- 米酢 大さじ4
- みりん 大さじ4
- 薄口しょうゆ 大さじ4
- ごま油 大さじ1

野菜用

- 小さなムーリ（または大きなスーパーマーケットで入手できる大根）1個、皮をむいて小さな細切りに切る
- にんじん 1本（皮をむき、細切りまたはマッチ棒状に切る）
- きゅうり 1本、種を取り、小さな細切りまたはマッチ棒に切る

方向

1. 大きな焦げ付き防止のフライパンを熱くなるまで加熱します。
2. 大きめのボウルに牛肉を入れて油をひき、こしょうをふり、全体にからめます。
3. フライパン全体に牛肉を焼きます（牛肉は真ん中で非常にまれでなければなりません）．大皿に移して冷まします。
4. 大きなビニール袋にマリネの材料を入れます。牛肉を加えて密閉し、冷蔵庫で最大 4 時間、または時間が許せば一晩冷やします。
5. 小さめのボウルにドレッシングの材料を混ぜ合わせます。カバーして脇に置きます。中くらいのボウルに野菜を混ぜ合わせる。
6. 牛肉は繊維に沿って薄くスライスする。大きなお皿にスライスを置き、ポン酢スタイルのドレッシングの半分で霧雨

を降らせます.マイクロリーフの上に軽く散らし、さらにドレッシングをかけます.野菜の上に残ったものをスプーンでかけ、牛肉を添えます。

95. マグロの刺身 ハラペーニョのグラニテ添え

材料

ハラペーニョグラニテ

- 水 1カップ（250ml）
- ⅔ 砂糖 125g
- ハラペーニョ唐辛子 1個
- みじん切りにした新鮮なショウガの根 小さじ1
- 大葉2枚
- 12オンス。(350 g) ブロック 生白マグロまたはキハダマグロ
- 1レモン、非常に薄いスライスにスライス

方向

1. グラニテを準備するには、小さなソースパンで水を沸騰させます。砂糖を加えて、溶けるまでかき混ぜます。ブレンダーに注ぐ前に、混合物を少し冷まします。ハラペーニョを粗みじん切りにしてブレンダーに入れる。ショウガの根と大葉2枚を入れます。混合物が泡立つまでブレンドします。目の細かいストレーナーで濾し、終わったら固形物を捨てます。液体を浅い金属製の鍋に注ぎ、固まるまで冷凍庫に入れます。

2. 白マグロの外側をトーチまたはフライパンで適度に強火で焼きます(キハダを使用する場合は焼きません)。少し冷ましてから、マグロを厚さ約 1/4 インチ (6 mm) のスライスに切ります。
3. 提供するには、冷凍庫からハラペーニョ グラニータを取り出します。フォークを使用して、凍った塊をこすり落とすか、削ります。グラニテを大さじ数杯、マティーニ グラスに注ぎます。グラニータの上にマグロのたたきを 4 枚並べ、中央にレモン スライスを置きます。

96. メロン刺身

材料

- 1.25 cm (1.25 cm) の立方体に切ったメロン 250 g (1/2 ポンド)
- 日本酒 ½ カップ（125ml）
- わさび粉 小さじ ½
- 加糖醤油シロップ 大さじ 4
- 大根もやし（かいわれ）1 カップ（50g）、お好みで海塩

方向

1. 小さなボウルにメロンキューブを入れます。別のボウルに酒と粉わさびを入れて泡立てます。混合物をメロンの立方体に注ぎ、メロンを 10 分間浸します。メロンから液体を排出します。
2. 刺身を盛り付けるには、小皿を 4 つ集めます。小さなペストリーブラシを加糖醤油シロップに浸し、各サービングディッシュにソースを一筆塗ります。残りのサービングディッシュについてもこれを繰り返します。メロンキューブを 4 等分し、加糖しょうゆを挟んでメロンキューブを数個並べる。大根の芽をメロンキューブの上に置きます。使用する場合は、各プレートに海塩を振りかけ、すぐにサーブします。

97. ティラピアと海老のセビーチェ刺身

材料

- 8 オンス。(250 g) 新鮮なティラピアまたは他の白身魚のフィレ、小さな立方体にさいの目に切る
- 8 オンス。(250 g) 茹でたエビは尻尾を取り除き、小さく切る
- すし飯ドレッシング 大さじ 4
- さいの目に切った小さなパイナップルキューブ 1 カップ (250 g)
- ライム 1 個分のジュース
- ハラペーニョ チリペッパー 小 1 個、種を取り除き、細かく刻む
- にんにくのみじん切り 小さじ $\frac{1}{2}$
- 赤パプリカ 1/4 個、小さなサイコロ
- ねぎのみじん切り 小さじ 4（青い部分のみ）
- 新鮮なコリアンダーの葉（コリアンダー） 4 小枝、みじん切り
- サービング用のオオバコチップス

方向

1. ティラピアとエビを中程度の非金属製のボウルに入れます。残りの材料を加えてよくかき混ぜます。提供する前に少なく

とも1時間冷蔵してください。提供するには、食べられるスプーンとして使用するために、側面にオオバコのチップを提供します．

98. 伝来のトマト刺身

材料

- 米酢 大さじ 4
- 砂糖小さじ 1
- 特大トマト 3 個
- 半分に切ったレモン 1 個
- お好みで大根の千切り 1 カップ（50g）
- 小さじ 2 杯の海塩
- 緑茶パウダー（抹茶） 小さじ $\frac{1}{4}$

方向

2. 小鍋に米酢と砂糖を入れて混ぜ合わせます。沸騰寸前まで来たら火を弱め、煮立った状態を保ちます。水分が半減するまで約 2 分煮込みます。火からおろし、完全に冷ます。
3. トマトは芯を取り、6 mm のスライスに切ります。トマトを 2 皿に分けます。還元酢をトマトにかけます。各プレートの側面にレモン半分を 1 つ置きます。大根の半分を使用する場合は、各皿の上に置きます。海塩と抹茶パウダーを混ぜます。2 つの小さな皿に分けます。お召し上がり方は、トマトの上にレモンを絞ります。お好みで抹茶塩をふりかける。

99.薄紙ティラピアの刺身

材料

- 8オンス。(250 g) 新鮮なティラピアまたはその他の白身魚の切り身
- タイバジルの小葉 約15枚
- きゅうり 1/2本（きゅうり）千切り
- ドラゴンジュース $\frac{1}{2}$ カップ（125ml）
- 飾り用レモンスライス

方向

1. ティラピアを非常に薄いスライスに切ります。アングルカット方向を使用。ティラピアの各スライスの下側にタイバジルの葉を1枚置きます。模様のあるサービングディッシュにティラピアのスライスを並べます。(パターンは魚を通して見えるはずです。)
2. 細切りにしたキュウリとドラゴンジュースの半分を小さなボウルに入れます。刺身の真ん中にキュウリを盛り付けます。残りのソースをティラピアにかけます。皿にレモンのくさびを飾ります。お好みで醤油をつけてお召し上がりください。

100.　ツナとアボカドのタルタル

材料

- 8 オンス。(250 g) 生マグロ、みじん切り
- ねぎみじん切り 小さじ 2（青ネギのみ）
- 黒ごま油 小さじ ½
- ポン酢 大さじ 4
- くさび形の大きなレモン 1 個
- アボカド 1/2 個、皮をむき、種を取り、小さな立方体に切る
- ひとつまみの塩
- しその葉またはバジルの葉 大 1 枚を細切りにする
- 1/2 英国キュウリ (日本のキュウリ)、1/4 インチ (6 mm) のスライスに切る

方向

1. マグロを小さな非金属製のボウルに入れます。ねぎ、黒ごま油、ポン酢を加えます。材料をよく混ぜます。別の小さなボウルで、アボカド キューブの上にレモンのくさびを絞ります。塩ひとつまみと刻んだ大葉を加えます。よくかき混ぜ。
2. サービング プレートに 4 インチ (10 cm) 四方の型を置きます。マグロの混合物の半分を型に押し込み、続いてアボカ

ドの混合物の半分を型に押し込みます. 層を繰り返し、歯石を慎重に型から外します。タルタルにきゅうりのスライスを添えます。

結論

伝統的なアメリカの巻き寿司が好きでも、本格的な刺身やにぎりが好きでも、寿司を食べることは常に風味豊かで楽しい経験です。しかし、人生であまり寿司を食べたことがない場合は、寿司を食べている間に何をすべきかについて混乱し、緊張し、適切に食べる方法がわからない.

あなたが寿司に夢中になる準備ができているなら、これらのレシピは始めるのに最適な場所です！

www.ingramcontent.com/pod-product-compliance
Lightning Source LLC
Chambersburg PA
CBHW071557080526
44588CB00010B/936